Mauthausen-Studien

Christian Rabl

Das KZ-Außenlager St. Aegyd am Neuwalde

Band 6

Mauthausen-Studien.
Schriftenreihe der KZ-Gedenkstätte Mauthausen
Band 6

Herausgeber
Bundesministerium für Inneres

Mitherausgeber der Schriftenreihe
Christian Dürr, Ralf Lechner, Stephan Matyus

Mitherausgeber und Lektorat dieses Bandes
Christian Dürr, Ralf Lechner

Wissenschaftliche Beratung
Bertrand Perz

Korrektorat
Gregor Holzinger

Grafik
Rainer Dempf

Herstellung
Books on Demand GmbH, Norderstedt

Verlag
Bundesministerium für Inneres, Abt. IV/7
Postfach 100, A-1014 Wien
http://www.mauthausen-memorial.at
mauthausen-memorial@mail.bmi.gv.at

Christian Rabl: Das KZ-Außenlager St. Aegyd am Neuwalde. –
Wien: Bundesministerium für Inneres, 2008
(Mauthausen-Studien. Schriftenreihe der KZ-Gedenkstätte
Mauthausen; Band 6)

ISBN: 978-3-9502183-9-8

Christian Rabl

DAS KZ-AUSSENLAGER
ST. AEGYD AM NEUWALDE

INHALTSVERZEICHNIS

ZUM GELEIT

Mit dem Band Nr. 6, „Das KZ-Außenlager in St. Aegyd am Neuwalde" des Autors Christian Rabl tritt die Schriftenreihe „Mauthausen-Studien" der KZ-Gedenkstätte Mauthausen in eine neue Phase. Waren die Autoren der bisherigen Bände bereits etablierte Forscher bzw. Überlebende des Lagers, wird mit diesem Band nun erstmals einem jungen Wissenschafter die Möglichkeit gegeben, seine Forschungsergebnisse einer größeren Leserschaft zugänglich zu machen. Die Arbeit von Christian Rabl ist in mehrfacher Hinsicht von Bedeutung. Zum einen beleuchtet sie die Geschichte eines bislang weitgehend unbekannten Außenlagers des KZ Mauthausen und wartet dabei auch mit neuen interessanten Forschungsergebnissen auf. Erstmals liegen nun konkrete Hinweise auf den tatsächlichen Zweck der Errichtung dieses Lagers vor – Erkenntnisse, die auch zusätzliches Licht auf die Funktionsweise des Lagersystems Mauthausen werfen. Zum anderen wird mit diesem Band auch eine von vielen nach wie vor bestehenden erinnerungspolitischen Lücken geschlossen. Rabl zeigt dabei nicht nur die jahrzehntelangen Versäumnisse der offiziellen Gedenkkultur in diesem Land auf. Indem er minutiös Häftlingszahlen, Herkunft der Häftlinge und die Namen der Todesopfer recherchierte, konnte er zudem einen wichtigen Beitrag für ein künftiges Opfergedenken leisten. Dieser Band ist daher auch in Zusammenhang mit dem verstärkten Engagement der KZ-Gedenkstätte Mauthausen für die Etablierung von Erinnerungsstätten an den Orten ehemaliger Außenlager zu sehen.

Mag. Dr. Maria Theresia Fekter
Bundesministerin für Inneres

ZUM GELEIT

I take the opportunity that was graciously offered to me by the author of this book, to say a few words with regard to the existence and scope of the KZ St. Aegyd am Neuwalde. It is an honor for me that my thoughts and recollection of that terrible time are considered worthy of print and are placed in such an important work. Not being a man of letters it is rather difficult to express myself. One thing I have in my favor is a lasting sad memory even after 63 years. There are details vivid in my mind of what took place in the camp and on the work site, the abuse endured by the inmates for the enjoyment of the sadistic Kapos and with the guards as spectators. One Kapo (Max) in particular was foaming at the mouth like a rabid dog, such was his hate. Since I was a boy just turning 15 years old at that time this is a nightmare I cannot forget. The work, performed by Christian Rabl on this matter after so many years of neglect and – by some pathetic individuals – even denials is very important. Of course this crucial and very difficult work is being received very eagerly by today's young people. I was reminded of this especially, after giving two spontaneous lectures during my last visit to Austria in autumn 2007. The interest in this issue of young people and adults alike was intense, probably because it was coming from the mouth of a survivor and witness. Remember there are only a few of us left! Two from St. Aegyd, one of Klagenfurt-Lendorf and perhaps a handful of Mauthausen. This is the reason why this book is so important. It is written while some of us are still alive. But we are often traumatized to a point that some never talk about the brutal experience – not even to their family. Personally I have no problem recounting the tragic episodes experienced by me. Honestly there are instances when my mind plays tricks on me, giving me the impression of a nightmare and this feeling with my eyes open. But I harbour no hate, because hate consumes from the inside, leaving not even ashes.

Rajmund Pajer
KZ-Häftling mit der Nummer 69186

VORWORT DES AUTORS

Ich möchte all jenen Menschen danken, die zur Entstehung dieses Buches mit ihrem Fachwissen und ihrer großen Geduld beigetragen haben. Besonders hervorheben möchte ich Dr. Christian Dürr vom Archiv der KZ-Gedenkstätte Mauthausen, der mich von Beginn an mit seinem Know-how unterstützt und mir schließlich auch die Möglichkeit eröffnet hat, meine Diplomarbeit weiter zu vertiefen und in der wissenschaftlichen Reihe der KZ-Gedenkstätte Mauthausen zu veröffentlichen. Ausdrücklich bedanken möchte ich mich überdies bei Dr. Bertrand Perz vom Institut für Zeitgeschichte in Wien. Seine Hinweise, sowohl in thematischer als auch in methodischer Hinsicht, haben wesentlich zum Gelingen dieses Buches beigetragen.

Besonderer Dank gilt meiner Frau Irene sowie Familie und Freunden. Sie alle haben mich stets bei meinem schwierigen und langwierigen Vorhaben unterstützt und ermutigt.

Last but not least möchte ich mich bei Rajmund Pajer bedanken. Er hat meine vielen Fragen über seine Zeit im Konzentrationslager stets geduldig beantwortet. Es ist mir eine besondere Ehre, Rajmund als einen guten Freund bezeichnen zu dürfen.

Methodische Anmerkungen
Offensichtliche orthografische Fehler in Zeutzeugenzitaten wurden berichtigt, ohne den Inhalt zu verändern. Satzstellung und Grammatik wurden beibehalten. Namen wurden jeweils entsprechend den verwendeten Quellen geschrieben, Abweichungen zwischen den Quellen sind möglich.

I. EINLEITUNG

Der Mauthausen-Komplex umfasste insgesamt mehr als 40 Außenlager,[1] die im KZ-System sehr unterschiedliche Funktionen zu erfüllen hatten. Während etwa in Steyr, Wr. Neustadt, Wr. Neudorf, Wien-Schwechat oder Linz vorwiegend Grundstoffe und Rüstungsprodukte produziert wurden, dienten die Lager Melk, Ebensee oder Redl-Zipf der unterirdischen Verlagerung in Stollensysteme, die aus dem Näherrücken der Kampfhandlungen des Zweiten Weltkriegs resultierte. In den Lagern Ternberg und Großraming wiederum mussten Häftlinge beim Kraftwerksbau entlang der Enns Zwangsarbeit verrichten. Darüber hinaus existierte eine ganze Reihe von Lagern, die speziell für Projekte der SS oder mit ihr eng verknüpfter Institutionen errichtet wurden. Während in den großen Rüstungslagern durchwegs mehrere tausend Häftlinge zur Zwangsarbeit eingesetzt wurden, kamen in den Lagern, die SS-Zwecken dienten, kaum mehr als 300 Häftlinge zum Einsatz, oftmals sogar nur einige wenige. In Vöcklabruck, einem der größten Lager dieser Kategorie, wurden rund 350 Häftlinge im Interesse der SS im Wege- und Straßenbau eingesetzt, in Bretstein arbeiteten etwa 170 Häftlinge für die SS-eigene „Deutsche Versuchsanstalt für Ernährung und Verpflegung GmbH.", in Klagenfurt waren zirka 130 Häftlinge für die SS-Bauleitung bei der Errichtung der SS-Junkerschule tätig und in Wien-Schönbrunn arbeiteten fünf „Ingenieurshäftlinge" für den Naturforscher Viktor Schauberger an dessen alternativen Antriebstechnologien.

Das KZ-Außenlager St. Aegyd am Neuwalde ist ebenfalls der Kategorie „Lager für Zwecke der SS" zuzuordnen, auch wenn es sich hinsichtlich der geplanten Funktion als Entwicklungs- und Versuchsstätte für alternative Motorantriebstechnologien deutlich von den anderen SS-Lagern unterschied. Außerdem wies St. Aegyd im Vergleich mit den anderen Lagern dieses Typus wesentlich schlechtere Lebensbedingungen und eine weitaus höhere Sterblichkeit auf. Das Lager St. Aegyd wurde am 2. November 1944 im Auftrag der in Wien ansässigen „Kraftfahrtechnischen Lehranstalt der Waffen-SS" (KTL) eröffnet. An diesem Tag kamen die ersten 300 Häftlinge, von SS-Wachmännern streng bewacht, mit dem Zug aus Mauthausen. Die so genannte KTL, auch als SS-Ingenieurschule bekannt, erhielt im Juli 1944 den Auftrag, die Entwicklung der Düsenantriebstechnologie, die sich in der Luftfahrt bewährt hatte, auf die Panzermodelle IV und V zu übertragen. Diesem Vorhaben entsprechend wurde wenig später die „Gruppe Versuchsbau der Waffen-SS" mit dem Decknamen „Alfred" gegründet und in der Fasangartenkaserne in Wien-Schönbrunn untergebracht. Dieser neue Aufgabenbereich machte offenbar auch die Gründung einer weiteren Außenstelle erforderlich. Folglich wurden im August 1944 in St. Aegyd am Neuwalde mehrere Parzellen des örtlichen Pfarrbesitzes beschlagnahmt.

Ab Ende September 1944 war neben den Technikern der Forschergruppe „Alfred" auch der Naturforscher Viktor Schauberger, der sich mit alternativen Antriebstechnologien beschäftigte, in der Fasangartenkaserne tätig. Er war im Spätherbst auf Einladung des Kommandeurs der KTL-Wien, SS-Sturmbannführer Dr. Schröder, mit einer fünfköpfigen Gruppe von besonders qualifizierten „Ingenieurshäftlingen" von Mauthausen nach Wien versetzt worden. Diese Verlegung hatte zur Folge, dass auch in Wien-Schönbrunn ein KZ-Außenlager entstand, welches von der SS bis zu dessen neuerlicher Übersiedlung nach Leonstein am 28. Februar 1945 unter der Bezeichnung „KTL-Wien" geführt wurde.

Während in Wien aufgrund der bereits bestehenden Infrastruktur sofort geforscht und entwickelt werden konnte, musste in St. Aegyd erst die erforderlichen Einrichtungen geschaffen werden. Bei diesem kriegswichtigen Bauvorhaben war für die örtliche SS-Bauleitung große Eile geboten. Letztlich kam es nicht mehr zur geplanten Verlagerung, denn das Lager in St. Aegyd wurde nicht rechtzeitig fertig. Der Zweite Weltkrieg ging vorher zu Ende. In den Wochen vor der Evakuierung des Kommandos am 1. April 1945 hatte die örtliche Bauleitung mit großen Personalproblemen zu kämpfen. Viele Häftlinge waren bald nach ihrer Ankunft verstorben oder arbeitsunfähig, der angeforderte Nachschub aus Mauthausen kam erst Wochen später. Dass das Lager nicht mehr seiner eigentlichen Bestimmung zugeführt werden konnte, liegt nicht zuletzt in der katastrophalen Häftlingsbehandlung begründet. Sowohl SS-Wachen und Lagerführung als auch die Lagerkapos konterkarierten durch ihren kompromisslosen und unmenschlichen Umgang mit den Häftlingen die Bestrebungen der Bauleitung nach ehest möglicher Fertigstellung. Mindestens 46 Menschen kamen in den fünf Monaten des Bestehens des Lagers St. Aegyd ums Leben, mehrere hundert Männer waren aufgrund permanenten Hungers und der extremen Kälte, die im Winter in dieser Region herrscht, binnen weniger Tage oder Wochen arbeitsunfähig und wurden ins Hauptlager Mauthausen zurück geschickt. Eine ärztliche Betreuung vor Ort gab es praktisch nicht, lediglich einer der jugoslawischen Schutz-häftlinge verfügte über medizinische Kenntnisse. Eine große Zahl an In-haftierten wurde von SS-Leuten und Kapos ermordet, in den Selbstmord getrieben oder starb durch bewusste Vernachlässigung menschlicher Grundbedürfnisse. Viele, die sich von einer Versetzung nach St. Aegyd et-was leichtere Haftbedingungen erwartet hatten, wurden vor Ort bald ei-nes Besseren belehrt. Tatsächlich waren die Überlebenschancen in St. Ae-gyd vor allem für ausländische Häftlinge kaum höher als in Mauthausen, da in diesem kleinen Lager keinerlei Chance bestand, in der „großen, grauen Häftlingsmasse" zu verschwinden.

Während der Recherchen zur vorliegenden Arbeit manifestierte sich der Eindruck, dass es die Gemeindevertreter in St. Aegyd nach Kriegs-ende eilig hatten, alle sichtbaren Spuren des Lagers zu verwischen. Nach der Räumung wurden die Baracken noch für einige Wochen als Lazarett-lager verwendet, danach aber abgebaut und verkauft. Abgesehen von ei-nem hölzernen Erinnerungskreuz auf dem KZ-Friedhof erinnert heute nichts mehr an das Lager. Über Jahrzehnte wurde in St. Aegyd kaum et-was unternommen, um die Vergangenheit kritisch zu beleuchten oder zu-mindest die Geschehnisse in Erinnerung zu rufen. Lediglich zu Allerhei-ligen wurde das KZ-Gedenkkreuz mit einem Kranz bedacht. Es ist be-zeichnend für das Österreich der Nachkriegszeit, dass an besagtem Tag der Großteil der Aufmerksamkeit dem örtlichen Kriegerdenkmal zukam. Bis heute liegen die sterblichen Überreste vieler St. Aegyder KZ-Opfer „kreuz und quer" auf dem kleinen KZ-Friedhof des Ortes, eine würdige Bestattung wurde den als „minderwertig" betrachteten Toten von der SS nicht zugestanden. Die geschundenen Leichname wurden in Säcke ge-packt und achtlos in die hastig ausgegrabenen Erdlöcher geworfen. Nie-mand fand es der Mühe wert, herauszufinden, wie viele Menschenleben das bestialische Verhalten von SS und Kapos in St. Aegyd tatsächlich kos-tete, geschweige denn der Frage nachzugehen, wie die Namen der Opfer lauteten.

Während man in St. Aegyd die Todesopfer in Vergessenheit geraten ließ, wurden die Täter von der Justiz mit Samthandschuhen angefasst. In der Nachkriegszeit wurden nur zwei jener rund 40 SS-Männer von St. Aegyd für ihre Verbrechen zu gerichtlicher Verantwortung gezogen. Nach einer Anzeige ehemaliger St. Aegyder Häftlinge musste sich der Rapport-führer Anton Perschl in Wien vor dem Volksgericht verantworten. Perschl wurde die Ermordung und Misshandlung mehrerer Häftlinge angelastet, überdies hatte er nach Kriegsende seine SA-, SS- und NSDAP-Mitgliedschaft verschwiegen. Die Analyse der Volksgerichtsakten, die Teil dieses Forschungsprojektes war, offenbarte allerdings einen fragwürdigen Umgang der österreichischen Justiz mit einem Mann, der zu Protokoll gab, einem in die Dunkelheit flüchtenden Häftling aus mehr als 20 Metern Entfernung „aus Versehen" in den Hinterkopf geschossen zu haben. Perschl stritt keineswegs ab, immer wieder Häftlinge „geohrfeigt" zu haben, dies sei aber stets nur zu ihrem eigenen Schutz geschehen, um sie vor dem Strafkommando in Mauthausen zu bewahren. Das Gericht schenkte dieser Schutzbehauptung Perschls Glauben und verhängte eine Freiheitsstrafe, die bereits durch die Untersuchungshaft abgesessen war. Im Falle des St. Aegyder Lagerführers Willi Auerswald kam es in Dachau zur Anklage durch ein amerikanisches Militärgericht, das den Reichsdeutschen wegen seiner Verbrechen in den Außenlagern Steyr und St. Aegyd im Juli 1947 zunächst zum Tode verurteilte. In den folgenden Jahren wurde die Strafe mehrfach reduziert, ehe Auerswald schließlich im April 1955 unter strengen Bewährungsauflagen freigelassen wurde.

Diese wissenschaftliche Arbeit ist der Versuch, all das aufzuarbeiten, was im Zusammenhang mit dem Lager St. Aegyd mehr als sechzig Jahre lang verschleiert, verdrängt, beschönigt oder negiert wurde. Große Eile ist bei Forschungsarbeiten dieser Art geboten, denn schon in wenigen Jahren werden die Stimmen der Zeitzeugen verstummt sein. Dann wird niemand mehr von dieser Zeit berichten können. Es liegt in unserer Verantwortung, das Vermächtnis der Augenzeugen in größtmöglicher Breite und Tiefe zu erhalten, darüber zu reflektieren und es weiterzugeben. Je dichter und fundierter das Wissen über das politische System des Nationalsozialismus ist, desto weniger wird es Ewiggestrigen und Unverbesserlichen wie David Irving gelingen, das bewiesenermaßen Geschehene zu relativieren oder gar zu leugnen.

II. ZUR QUELLENLAGE

Über die Geschichte und Entwicklung des Konzentrationslagers Mauthausen existiert eine Vielzahl wissenschaftlicher Abhandlungen. Basierend auf dem Standardwerk „Die Geschichte des Konzentrationslagers Mauthausen"[2] von Hans Maršálek entstanden in den letzten Jahren Analysen, die sich mit verschiedenen Facetten des KZ Mauthausen beschäftigten. Erinnerungsberichte ehemaliger Häftlinge sind ebenso darunter wie Studien, die sich mit dem konkreten Schicksal einzelner Häftlingsgruppen beschäftigen. Auch die Entwicklung der KZ-Gedenkstätte ist bereits sehr gut aufgearbeitet. Den vielen Außenlagern des KZ Mauthausen wurde allerdings lange Jahre wesentlich weniger Aufmerksamkeit zuteil. Von den mehr als 40 Außenkommandos ist bisher erst ein kleiner Teil wissenschaftlich untersucht worden. Während über die Lager Melk[3], Ebensee[4] und Wr. Neustadt[5] fundierte Arbeiten existieren, war das Außenlager St. Aegyd am Neuwalde bisher noch nie Gegenstand einer detaillierten wissenschaftlichen Analyse. Abgesehen von kurzen Erwähnungen in den Werken von Gisela Rabitsch[6] und Hans Maršálek fand das Lager in der KZ-Forschung bislang noch keinerlei Erwähnung.

Die vorliegende Arbeit stützt sich deshalb fast ausschließlich auf Quellenmaterial unterschiedlicher Provenienz. Die Recherchearbeit gestaltete sich besonders schwierig, da die Materialien über das Lager weit verstreut waren und in den extrem umfangreichen Beständen großer Archive meist nur sehr schwer zu finden waren. In diesem Kapitel soll nun der Stellenwert der verschiedenen Materialien und Zugänge umrissen werden, außerdem werden die Quellen hinsichtlich ihrer Zulässigkeit einem kritischen Blick unterzogen und methodische Probleme aufgezeigt.

Staatliche Archive
Archiv der KZ-Gedenkstätte Mauthausen (AMM)

Ein großer Teil der für diese Arbeit verwendeten Materialien stammt aus dem Archiv der KZ-Gedenkstätte Mauthausen. Das AMM beherbergt eine Vielzahl von Quellen der SS-Lagerverwaltung, beispielsweise Transportlisten und Totenbücher. Darüber hinaus verfügt das Archiv aber auch über eine stattliche Sammlung an Oral History Interviews und Erinnerungsberichten ehemaliger Häftlinge, Quellen zu Nachkriegsprozessen, eine Fotosammlung sowie Materialien zu den Nebenlagern von

Mauthausen. Die Bestände des AMM sind auch heute noch im Wachsen begriffen, da nach wie vor viele Materialien „in alle Winde verstreut" sind und erst in mühsamer Kleinarbeit gesammelt werden müssen. Für die vorliegende Arbeit waren primär die Quellen der SS-Lagerverwaltung von großer Bedeutung. Durch die Auswertung von Transportlisten und Totenbüchern war es beispielsweise möglich, die Namen der Todesopfer des Lagers St. Aegyd herauszufinden. Durch die Recherchen, die im Rahmen dieser Arbeit durchgeführt wurden, konnten dem AMM auch weitere Materialien zugeführt werden, etwa Lagerpläne des KZ-Außenlagers St. Aegyd.

Deutsches Bundesarchiv (BArch)[7]

Das deutsche Bundesarchiv Berlin und seine Zweigstellen in Freiburg und Ludwigsburg verfügen über eine Vielzahl an personen- und sachbezogenen SS-Akten, die wesentlich zur Entstehung dieser Arbeit beigetragen haben. Die Informationen über Lagerführer Willi Auerswald und Rapportführer Anton Perschl basieren teilweise auf Akten des ehemaligen Berlin Document Center (BDC). Darüber hinaus stammen auch Unterlagen über die „Kraftfahrtechnische Lehranstalt der Waffen-SS" in Wien aus den reichhaltigen Beständen des Bundesarchivs. Ein weiteres wichtiges Dokument, ebenfalls verfasst von der Waffen-SS, stammt aus dem Militärarchiv Freiburg (MA), darüber hinaus verfügt die zentrale Stelle der Landesjustizverwaltungen in Ludwigsburg (ZStL) über die Akten der gerichtlichen Vorerhebungen im Zusammenhang mit angeblichen Verbrechen der St. Aegyder SS-Wachen.

The National Archives (NARA)[8]

Unmittelbar nach der Befreiung des KZ Mauthausen begann die US-Armee damit, vor Ort Beweise sicherzustellen und Zeugen zu den Vorgängen im Lager zu befragen. Auf Basis dessen wurde ab 1946 insgesamt 299 Personen, die unter Verdacht standen, in Mauthausen und den Außenlagern an Verbrechen beteiligt gewesen zu sein, der Prozess gemacht. Einem Hauptverfahren, dem „Mauthausen Main Case", folgten 61 Folgeverfahren. Auch der Lagerführer des KZ-Außenlagers St. Aegyd am Neualde, Willi Auerswald, musste sich aufgrund seiner Rolle im KZ-System einem Prozess stellen. Dank der Unterstützung des Archivs der KZ-Gedenkstätte Mauthausen stand für diese Arbeit der rund 2400 Seiten umfassende Dachau-Prozessakt US vs. Willi Auerswald et al.[9] vollständig zur Verfügung.

Regionale und lokale Archive
Prozessakten des Volksgerichtes Wien

Der Rapportführer des KZ-Außenlagers St. Aegyd am Neuwalde, Anton Perschl, wurde nach Ende des Zweiten Weltkrieges von ehemaligen St. Aegyder Funktionshäftlingen in Wien angezeigt. In zwei getrennten Verfahren vor dem Landesgericht Wien, welches damals als „Volksgericht" fungierte, musste sich Perschl wegen mehrerer Vergehen verantworten: Mord, Misshandlung sowie Nichtmeldung seiner SA-, SS- und NSDAP-Mitgliedschaft.

Bei der Auswertung dieser Materialien ergaben sich zwei methodische Probleme. Zum Ersten stammten die im Rahmen der beiden Verfahren getätigten Zeugenaussagen fast ausschließlich von Wachmännern und Funktionshäftlingen aus dem deutschsprachigen Raum. Ihre Sicht der Dinge ist eine völlig andere als jene der ausländischen Häftlinge. Um dennoch für ein möglichst differenziertes Bild zu sorgen, werden die Prozessaussagen der deutschsprachigen Häftlinge in den Kapiteln über die Macht- und Lebensverhältnisse im Lager St. Aegyd nach Möglichkeit den Erinnerungen der ausländischen Häftlinge Rajmund Pajer und Henryk Czeslaw Bilski gegenübergestellt.

Zum Zweiten unterschieden sich die während der Vorerhebungen getätigten Zeugenaussagen oft ganz massiv von jenen während der Verhandlungstage. Hier muss einerseits berücksichtigt werden, dass zwischen den beschriebenen Ereignissen, den Vorerhebungen und dem eigentlichen Prozess mehrere Jahre liegen konnten, wodurch sich Ungereimtheiten und Widersprüche in den Aussagen erklären lassen. Andererseits könnten auch finanzielle Zuwendungen des Angeklagten an einige der Zeugen einen plötzlichen Meinungswechsel verursacht haben. Diesbezügliche Vorwürfe wurden von befragten Zeugen während der Verfahren zwar mehrfach angedeutet, vom Gericht allerdings nicht erörtert.

Diözesanarchiv St. Pölten (DASP)[10]

Das KZ-Außenlager St. Aegyd am Neuwalde wurde auf einem Grundstück der katholischen Kirche errichtet. Da die Pfarre St. Aegyd dem bischöflichen Ordinariat in St. Pölten untersteht, war eine Recherche im dortigen Diözesanarchiv naheliegend. Für die vorliegende Arbeit war nur ein kleiner Teil der Akten von Bedeutung, konkret handelt es sich um den Briefverkehr zwischen der Pfarre St. Aegyd und dem bischöflichen Ordinariat aus den Jahren 1944 und 1945. Die subjektiven Situationsberichte von Pfarrer Kaubeck enthalten wichtige Hinweise über die Beschlagnahmung des Lagergeländes durch die SS im Sommer 1944.

Schauberger-Archiv

Den Briefen des Naturforsches Viktor Schauberger sind wichtige Details zur KTL-Wien in Schönbrunn zu entnehmen, wo er selbst einige Monate mit der Unterstützung eines Arbeitskommandos von KZ-Häftlingen seiner Forschung an alternativen Antriebstechnologien nachgegangen ist. Seine Aufzeichnungen geben überdies wichtige Hinweise auf den Zusammenhang zwischen den Forschungseinrichtungen der KTL-Wien und dem Außenlager in St. Aegyd. Die von Schauberger verfassten Briefe und Erinnerungsberichte entsprechen dessen subjektiver Sichtweise und weisen an mehreren Stellen stark antisemitische und antiklerikale Züge auf. Der Esoteriker wähnte sich als Ziel einer gezielten Verschwörung, deren Drahtzieher ihm seine angeblich revolutionären Entdeckungen stehlen wollten, insbesondere seinen Entwurf der alternativen Antriebstechnologie, der „Repulsine" bzw. des „Repulsators".

Gemeinde und Standesamt St. Aegyd

Viele der hier verwendeten Materialien befanden sich bis vor kurzem noch unaufgearbeitet im Gemeindearchiv St. Aegyd sowie im dortigen Standesamt. Hier fanden sich unter anderem die handschriftlichen Todesmeldungen des St. Aegyder Lagerschreibers Kubicek, aber auch einige Transportlisten der SS-Lagerleitung, die ein nahezu lückenloses Erfassen aller St. Aegyder Häftlinge möglich machten. Darüber hinaus lag in St. Aegyd auch das Original eines handschriftlich verfassten Plans des KZ-Lagers verborgen, der höchstwahrscheinlich von einem ehemaligen Häftling gezeichnet wurde. Mehrere Briefe der örtlichen SS-Bauleitung an das Hauptlager Mauthausen geben Auskunft über die für die SS prekäre Situation in St. Aegyd.

Interviews und Erinnerungen
Experteninterview[11]

Im Rahmen dieser Arbeit soll abschließend auch der Frage nachgegangen werden, welche konkreten Maßnahmen zum Gedenken an die Opfer des KZ-Systems ergriffen wurden. Zu diesem Zweck wurde Erwin Rabl, bis Ende 2007 die maßgebliche Person im Zusammenhang mit der Gedenk-Initiative in St. Aegyd, zu seiner Tätigkeit befragt. Neben den konkreten Zielen für die nächsten Jahre konnte Rabl auch einen kurzen Überblick über die Tätigkeit der St. Aegyder Gedenk-Initiative der vergangenen Jahre geben. Dieses Experteninterview ist insofern von Bedeutung, als es die Möglichkeit bietet, einen Bogen von der Vergangenheit zur Gegenwart zu spannen.

Zeitzeugenerinnerungen[12]

Ein wesentlicher Teil dieser Arbeit basiert auf den Erinnerungen von Häftlingen, die selbst in St. Aegyd inhaftiert waren. Im Falle des KZ-Außenlagers St. Aegyd waren ehemalige Gefangene wegen dessen verhältnismäßig geringer Größe sehr schwer ausfindig zu machen. Dennoch kommen mit dem im kanadischen Montreal lebenden Italiener Rajmund Pajer sowie den leider bereits Verstorbenen Henryk Czeslaw Bilski und Heinz Apenzeller drei ehemalige Häftlinge in dieser Arbeit zu Wort. Obwohl alle drei erst Ende Februar 1945 nach St. Aegyd kamen, tragen ihre Aussagen wesentlich zur Aufklärung einiger der hier gestellten Forschungsfragen bei. Es kommen im Rahmen der Arbeit allerdings nicht nur ehemalige KZ-Insassen zu Wort, sondern auch die gebürtigen St. AegyderInnen Rosa Mantai, Friedrich Enk und Franz Hölzl, die sich an Vieles, was damals in St. Aegyd passierte, noch sehr lebhaft erinnern können.

Auf die besondere Problematik von Zeitzeugeninterviews im Zusammenhang mit so weit zurückliegenden Ereignissen sei hier besonders hingewiesen. Trotz aller Einschränkungen und mit der gebührenden Vorsicht sind „Oral history Interviews" als Dokumente von „Menschen, die noch dabei waren" besonders wichtig. Viele der in weiterer Folge berichteten Geschehnisse in St. Aegyd werden einzig von den Aussagen der hier erwähnten Personen getragen und sind – auf Basis des derzeit vorhandenen Aktenmaterials – nicht immer durch Dokumente schriftlich belegbar.

Pläne des Außenlagers St. Aegyd am Neuwalde

Neben Aktenmaterialien unterschiedlicher Provenienz haben auch mehrere Pläne des Lagerareals von St. Aegyd am Neuwalde die Jahre überdauert. Sie liefern wichtige Informationen über den Standort und die Ausmaße des Areals sowie über die geplanten Projekte.

Ein maßstabsgetreuer Plan der „Bauinspektion der Waffen-SS u. Polizei. Reich Süd-Verm. Abt." zeigt den Grundriss des Areals samt den darauf geplanten Gebäuden. Er hat es ermöglicht, die exakte Größe des damaligen Areals zu berechnen. Welche der verzeichneten Bauprojekte tatsächlich in die Realität umgesetzt wurden, lässt sich allerdings nicht feststellen. Da der Plan undatiert ist, bleibt unklar, ob er vor oder während des Lageraufbaus angefertigt wurde.

Ein weiterer Plan, der offenbar von einem der St. Aegyder Häftlinge angefertigt wurde, soll offensichtlich den Tod des KZ-Häftlings Iwan Niesterjenko dokumentieren, dem vom vorbeifahrenden Zug beide Beine abgetrennt worden sind. Die handgefertigte Zeichnung ist zwar nicht maßstabsgetreu, aber eingenordet. Die eingezeichneten Baracken sind nummeriert, bei einigen ist auch die Funktion vermerkt.

Henryk Czeslaw Bilski, der selbst von 21. Februar 1945 bis zur Schließung des Lagers Häftling in St. Aegyd war, hat den Ort später mehrfach besucht und im Rahmen seiner Aufenthalte mehrere Pläne und Grundrisse des Areals und einzelner Gebäude erstellt. Seinen Zeichnungen hat er auch detaillierte Erläuterungen angefügt.

Eine weitere Skizze, verfasst von Rapport- und Arbeitsdienstführer Anton Perschl während dessen Untersuchungshaft, gibt Auskunft über den Zweck mehrerer Baracken und dokumentiert überdies den Tod des Kapos Vinzenz Cellbrodt aus der Sicht des Täters.

III. DIE FUNKTION DES KZ-AUSSENLAGERS ST. AEGYD

Über die eigentliche Funktion des Außenlagers St. Aegyd gibt es eine Vielzahl unterschiedlicher Vermutungen. Zeitzeugen glauben sich zu erinnern, dass eine Munitionsfabrik[13] oder gar eine Produktionsstätte für Vergeltungswaffen[14] errichtet werden sollte, auch von einer Raffinerie bzw. einem Treibstofflager[15] ist mehrfach die Rede. Stichhaltige Beweise gibt es indes für keinen dieser mutmaßlichen Lagerzwecke. Belegt ist hingegen, dass das Lager St. Aegyd in direktem Zusammenhang mit der „Kraftfahrtechnischen Lehranstalt der Waffen-SS" in Wien (KTL-Wien) stand. Dabei gilt es, die eigentliche Lehranstalt, die bereits zu Beginn der Vierzigerjahre existierte, vom KZ-Außenlager KTL-Wien zu unterscheiden, welches erst im September 1944 entstanden ist.

Die KTL der Waffen-SS in Wien

Im August 1940 informierte das Kommando der Waffen-SS in Berlin seine Abteilungen und Standarten in einem Rundschreiben von der Absicht, *„Lehrgänge für die Männer abzuhalten, die zur Ausbildung als Reserve-Führer in der Waffen-SS in Frage kommen."*[16] Berücksichtigt sollten zunächst nur politische Leiter, Hitler-Jugend-Führer, Führer bei der allgemeinen SS sowie Studenten und Abiturienten werden. Im Dezember folgte ein weiteres Schreiben, das eine Erweiterung des Anwärterkreises ankündigte. Ab sofort sollten auch *„langjährig dienende aktive Unteroffiziere und zu Offizieren beförderte Unteroffiziere der Wehrmacht"* die Möglichkeit erhalten, einen *„verkürzten Heeresfachschullehrgang bzw. Umschulungskurs im Bereich des Feld- und Heimatheeres"* zu absolvieren.[17] Darüber hinaus sollte auch allen seit mehr als neun Jahren aktiven Waffen-SS-Angehörigen der Besuch einer Fachschule für Verwaltung oder Technik ermöglicht werden. Bei ausreichendem Bedarf sei die Einrichtung eigener Waffen-SS-Lehrgänge geplant.[18] Vermutlich wurde infolge dieser geplanten Qualifizierungsmaßnahmen in Wien die „Kraftfahrtechnische Lehranstalt der Waffen-SS" ins Leben gerufen, die nach bisherigem Informationsstand 1941 ihre Arbeit aufnahm und in regelmäßigen Abständen eine beachtliche Zahl unterschiedlichster Kfz-spezifischer Lehrgänge für SS-Angehörige anbot. Deren Dauer variierte zwar je nach Lehrgang, betrug jedoch zumindest sechs Wochen. Die Funktion dieser Lehranstalt wird in einem Rundbrief der NSDAP vom November 1943 folgendermaßen definiert:

„Die Kraftfahrtechnische Lehranstalt der SS in Wien bildet den gesamten Kraftfahrtechnischen Nachwuchs der Waffen-SS aus. Dazu gehören: Technische Führer (Ingenieure und Werkmeister), Schirrmeister und Kraftfahrzeughandwerker aller Art, wie Dreher, Schmiede, Klempner, Elektriker, Karosseriebauer usw. Der Nachwuchs wurde bisher von beruflich entsprechend vorgebildeten, aus der Truppe herausgezogenen SS-Männern gestellt. Diese SS-Männer wurden in mehrmonatigen Lehrgängen in Wien an der Kraftfahrtechnischen Lehranstalt der SS auf die Erfordernisse der Truppe umgeschult." [19]

Da allerdings die Zahl der Männer mit entsprechenden Voraussetzungen bald erschöpft war, ging man ab August 1942 mit Genehmigung des Reichsführers-SS sowie der Unterstützung von Reichsleiter Baldur von Schirach dazu über, auch Lehrlinge auszubilden. Nach einer dreieinhalbjährigen Lehrzeit zum Kraftfahrzeughandwerker konnten sie die Gesellenprüfung ablegen.[20] Bei ausreichendem Potential wurde ihnen nach Beendigung ihrer einjährigen Militärzeit von der SS die weitere Ausbildung bis hin zu SS-Ingenieuren finanziert.

Folglich konzentrierte sich in Wien bereits seit 1941 das geballte Wissen der SS über Kraftfahrzeuge und deren technische Funktionsweise. Angeboten wurden unter anderem Lehrgänge für Schirrmeister, Werkmeister, Karosseriebau, Kfz-Elektriker, Schmiede und Schweißer[21]. Es erscheint unter diesem Gesichtspunkt durchaus verständlich, dass die KTL-Wien im Juli 1944 vom SS-Führungshauptamt beauftragt wurde, eine Entwicklungsstätte für die Übertragung der Turbotriebwerks-Technologie von der Luftfahrt auf Panzer aufzubauen. Konkret sollte versucht werden, ein Triebwerk für die Panzer des Typs V und VI mit Turboantrieb zu entwickeln.[22]

Vom Einsatz dieses neuen Antriebs, der im Vergleich zu früheren Systemen wesentlich geringeren Ressourcenverbrauch versprach, erhoffte sich die SS wohl einen entscheidenden Schub für die Entwicklung des Kriegsverlaufes.

„Dabei war mit entscheidend, dass diese Triebwerke unmittelbar die Verwendung minderwertiger Flüssigkraftstoffe ermöglichen und darüber hinaus den Weg zur Verwendung von Festkraftstoffen ohne Leistungsabfall zum mindesten stark erleichtern." [23]

Bereits wenig später erfolgte die Gründung der „Gruppe Versuchsbau der Waffen-SS", die unter dem Decknamen „Alfred" in einer Außenstelle

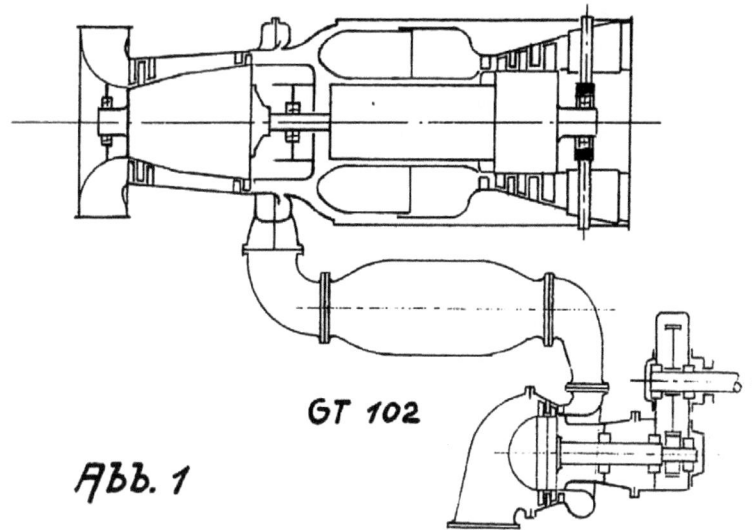

Abb. 1: Skizze eines Panzers, Modell GT 102, mit Turboantrieb, Kraftfahrtechnische Lehranstalt der Waffen-SS, Außenstelle „Alfred", 1.2.1945.

in der Maria-Theresien-Kaserne (umgangssprachlich auch Fasangarten-kaserne) in Schönbrunn ihre Entwicklungsarbeit aufnahm. Ein Tätig-keitsbericht der Außenstelle „Alfred" gibt detailliert Auskunft über die Fortschritte bei der Entwicklung des Triebwerkspanzers und beinhaltet zudem zahlreiche Konstruktionszeichnungen und konkrete Angaben zur weiteren Planung und den terminlichen Perspektiven:

„Die Konstruktion des Hauptgerätes von GT 102 (und damit auch die von GT 101) steht unmittelbar vor dem Abschluß. Einzelne Bauteile sind bereits im Bau, weitere werden laufend zur Fertigung gegeben. Die Fertigung erfolgt im wesentlichen bei den Mittelwerken G.m.b.H. Nach den gegebenen Ter-minzusagen wird das Gerät im Laufe des Juni zum Laufen kommen. Zu die-sem Zeitpunkt kann der Verdichter bereits ausgefeilt sein, da der Prüfstand hierfür z. Zt. von BBC Mannheim in das Mittelwerk verlagert und dort Ende Februar betriebsbereit sein wird. Die Konstruktion der Nutzturbine des GT 102 erfordert noch etwa 4 – 6 Wochen. Das komplette Gerät GT 102 wird spätestens Ende Juli 1945 zu Versuchszwecken zur Verfügung stehen [...]" [24]

25

Das KZ-Außenlager Schönbrunn in der KTL-Wien

Ob sich die „Gruppe Versuchsbau der Waffen-SS" in der KTL-Wien ausschließlich der Triebwerks-Forschung widmete oder auch andere technologische Ziele verfolgte, ist bislang nicht geklärt. Gesichert ist jedoch, dass ab Ende September 1944 der Naturforscher Viktor Schauberger ebenfalls in den Räumlichkeiten der Gruppe Versuchsbau seiner Forschung nachging. Der gelernte Förster Schauberger betätigte sich als Naturbeobachter und Forscher in verschiedensten Gebieten und wähnte sich im Besitz einer revolutionären, weil „naturrichtigen" Antriebstechnologie,[25] der so genannten „Repulsine". Aufgrund ihrer Optik wurde Schauberger in mehreren Publikationen fälschlicherweise die Erfindung einer „fliegenden Untertasse"[26] zugeschrieben. Schauberger, der die herkömmliche Forst-, Land-, Wasser und Energiewirtschaft wiederholt als „naturunrichtig" bezeichnete[27], wurde im Juli 1934 laut seinen eigenen schriftlichen Angaben nach Berlin gerufen, wo er angeblich auf Reichskanzler Adolf Hitler getroffen sein soll:

„Ich warnte Hitler vor der Fortsetzung einer Wirtschaftspolitik, die zu Gewaltmaßnahmen führen müsse, da Nahrungsmittel[-], Roh-Trieb- und Treibstoffnot die biologische Folge verkehrter Wirtschaftsmaßnahmen wären."[28]

In weiterer Folge habe er Hitler versichert, er könne mit den entsprechenden infrastrukturellen Möglichkeiten Maschinen konstruieren, die *„mindestens 90 Prozent an Betriebsstoffen und mindestens 60 Prozent an Werkstoffen"* einsparen würden.[29] Möglich sei dies durch *„naturrichtige Biomaschinen"*, die ein *„organisches Vakuum"* erzeugen. Schauberger berichtet weiter, dass es allerdings in den folgenden Gesprächen mit Hitlers Fachleuten zu heftigen Auseinandersetzungen gekommen sei und er die Reichskanzlei in Richtung Wien verlassen habe. Die angebliche Folge der unschönen Szene in der Berliner Reichskanzlei waren laut Schauberger *„Schikanen aller Art"*. In den folgenden Jahren sei er von der Geheimpolizei verfolgt, der Gestapo befragt, vom Oberkommando der Wehrmacht seiner Apparaturen beraubt und schließlich sogar in ein Irrenhaus gesperrt worden.

Dass Viktor Schauberger trotz dieser angeblichen Verschwörung gegen seine Person ab 1943 von der SS unterstützt wurde, verdankt er einer Initiative des Regierungsdirektors im Gau Oberdonau, August Schmöller[30]. Im angeheirateten Neffen Schmöller erkannte Schauberger seinen *„hohen Protektor"*,[31] der ihm mit seinen guten Beziehungen und finanziellen Mitteln zum Durchbruch verhelfen sollte. Einen Beweis dafür, dass die „Repulsine" tatsächlich funktioniert, blieb Schauberger allerdings stets schuldig. In mehreren Briefen bat er seinen Gönner um noch ein wenig mehr Geduld und weitere Unterstützung – meist in Form der Bereitstellung weiterer Ressourcen in Form von Maschinen. Mehrfach stellte er Schmöller den baldigen Durchbruch seiner Forschungen in Aussicht, lediglich die äußeren Umstände würden ihn daran hindern, die Maschine fertig zu stellen. Ganz in seiner Verschwörungstheorie aufgehend gab Schauberger an, aus Furcht das „*Wesentliche*" für die Fertigstellung der „Repulsine" vorerst noch für sich behalten zu wollen.[32] Bis heute sorgen die Legenden und Mythen rund um den Naturforscher Viktor Schauberger in Esoteriker-Kreisen für rege Diskussionen. Ein Beweis für die Funktionstüchtigkeit der „Repulsine" steht bis heute allerdings ebenso aus, wie es keinerlei schriftliche Belege für eine tatsächliche Verschwörung gegen Viktor Schauberger gibt.

Auf Bestreben Schmöllers bekam der selbsternannte Naturforscher im Konzentrationslager Mauthausen von Lagerkommandant Ziereis Räumlichkeiten, Maschinen und Häftlinge als Arbeitskräfte zur Verfügung gestellt. Am 20. April 1943 führten Schauberger und Ziereis in Mauthausen ein erstes diesbezügliches Gespräch.[33] Einige Wochen arbeitete Schauberger mit den Häftlingen Dr. Ing. Wolfgang zu Putlitz[34] (Häftlingsnummer 43173), Ing. Ludwig Götz (Häftlingsnummer 43048) und Victor Jezinski (Häftlingsnummer 11147) in Mauthausen an seiner „Repulsine", doch schon bald versuchte er, angeblich aufgrund der „*furchtbaren Atmosphäre*"[35] im KZ Mauthausen an einen anderen Standort verlegt zu werden und suchte den Kontakt zur SS-Ingenieursschule in Wien.

Während eines Wien-Aufenthaltes wurde Schauberger vom Kommandeur der KTL-Wien, SS-Sturmbannführer Dr. Schröder, besucht und eingeladen, seine Forschung künftig in Wien weiterzuführen. Schauberger wurde in weiterer Folge von der Wehrmacht zur SS überstellt und laut eigenen Angaben dienstverpflichtet.[36] Am 27. September 1944 kam er schließlich gemeinsam mit fünf Häftlingen in die KTL-Wien. Neben dem Statiker Putlitz, dem Ingenieur Götz und dem Detailkonstrukteur Jezinski begleiteten ihn der Maschinenschlosser Stanislav Rezniczek (Häftlingsnummer 54448) und der Dreher Miloslav Jasinski (Häftlingsnummer 1355).[37] Damit war ein neues KZ-Außenlager entstanden, das in sämtlichen Transport- und Bestandslisten der SS in weiterer Folge unter der Bezeichnung KTL-Wien geführt wurde. Bereits am 28. September

1944 nahmen die Häftlinge ihre Arbeit auf,[38] die Forschungs-Fortschritte wurden Tag für Tag in einem handschriftlichen Arbeitstagebuch eingetragen.[39] Es enthält genaue Angaben über die Tätigkeiten, die von den Häftlingen durchgeführt wurden, Informationen über Häftlingstransfers sowie Verzögerungen der täglichen Arbeit durch Fliegeralarm oder Stromausfälle. Neben den Konstruktionsarbeiten für die „Repulsine" arbeiteten die „Ingenieurshäftlinge" offenbar auch für die „Gruppe Versuchsbau der Waffen-SS", wie aus einem Eintrag in besagtem Arbeitstagebuch hervorgeht. Der Häftling mit der Nummer 11147[40] erstellte am 6. Dezember 1944 von 18 bis 22 Uhr eine Zeichnung für ein Projekt der „Gruppe Versuchsbau der Waffen-SS".[41]

Die Kooperation zwischen Schauberger und der „Gruppe Versuchsbau" scheint aber nicht immer friktionsfrei verlaufen zu sein, wie mehrere Tagebucheinträge beweisen. Darin beschwert sich Schauberger mehrfach, dass die von ihm benötigten Geräte und Apparaturen besetzt seien und sich die Konstruktion der „Repulsine" dadurch verzögere. Er erwähnt allerdings nicht, wer die Maschinen besetzt hielt. Über die Forscher der „Gruppe Versuchsbau" hält Schauberger abschätzig fest:

„Ich sah dort eine der vielen Anstalten, die allerhand probieren, jedoch kein Fundament für ihre sogenannten Forschungsarbeiten haben. Mit Scheuklappen versehen, über ihren, in der Schule gespannten Horizont nicht hinaussehen, und daher auch ausserstande sind, wirklich Neues zu bringen."[42]

In den ersten Wochen des Jahres 1945 nahmen die Verzögerungen durch zunehmende Stromversorgungsprobleme und Bombenangriffe immer mehr zu, weshalb beschlossen wurde, die einzelnen Abteilungen zu verlegen.[43] Sein eigenes Kommando, so berichtet Schauberger, hätte nach St. Aegyd verlagert werden sollen,[44] wogegen er sich jedoch erfolgreich zur Wehr setzte.[45] Am 28. Februar 1945 wurde er stattdessen samt seiner Häftlinge in das Sensenwerk Leonstein in Oberösterreich verlegt, wo er seine Tätigkeit bis Kriegsende weiterführte.

Die „KVA der Waffen-SS" in St. Aegyd

Ähnlich wie etwa das Projekt „Quarz" in Melk[46] oder das Lager „Zement" in Ebensee[47] entstand auch das Außenlager St. Aegyd aus der Überlegung heraus, ein kriegswichtiges Projekt in ein entlegenes und vor alliierten Angriffen besser geschütztes Gebiet zu verlegen. Doch im Unterschied zu „Quarz" und „Zement" hätte das Kommando in St. Aegyd nicht der Serienfertigung von Rüstungsprodukten dienen sollen, sondern ist ähnlich wie die Außenkommandos in Vöcklabruck und Bachmanning zur Kategorie jener Lager zu zählen, die der Waffen-SS dienten.[48] Eröffnet wurde das St. Aegyder Außenlager im November 1944 von der Außenstelle „Alfred" der KTL-Wien. Dies wird durch Unterlagen des Diözesanarchivs St. Pölten belegt,[49] in denen die Außenstelle „Alfred" im Zusammenhang mit der Beschlagnahme der Grundstücke in St. Aegyd erwähnt wird. Das Lager firmierte unter der offiziellen Bezeichnung „*Kraftfahrtechnische Versuchsanstalt der Waffen-SS*" (KVA),[50] wurde aber beispielsweise im Mauthausener Rapportbuch bis zum 11. November unter der Bezeichnung „*KTL-Wien*" geführt[51] und taucht in späteren Listen des Hauptlagers auch unter dem Namen „*KTL St. Aegyd*"[52] auf.

Eine weitere kraftfahrtechnische Versuchsanstalt existierte bereits seit 1940 im Konzentrationslagerkomplex Sachsenhausen-Oranienburg.[53] Ihre Aufgabe war sowohl die Instandsetzung von Fahrzeugen, die von der Front kamen, als auch der Umbau von erbeuteten Fahrzeugen. Darüber hinaus wurden Spezialfahrzeuge, wie etwa Nachrichtenwägen oder Werkstattwägen angefertigt. Durch den erfolgreichen Umbau von Opel-Lastwägen zu Kettenfahrzeugen vergrößerte sich die dortige Versuchsanstalt immer weiter und avancierte bis zum zweiten Halbjahr 1942 sogar zum größten Wirtschaftbetrieb des Standorts Sachsenhausen-Oranienburg.[54]

Derart große Ausmaße erreichte das Lager in St. Aegyd nicht, was primär damit zusammenhängt, dass sich die SS dafür entschied, das Lager aufgrund zunehmender Gefährdung durch alliierte Truppen im April 1945 zu evakuieren. Hans Maršálek berichtete, dass in St. Aegyd Kfz-Motoren erzeugt werden sollten.[55] Und tatsächlich dürfte diese Einschätzung dem eigentlichen Zweck des Lagers sehr nahe kommen. Denn bereits kurz nachdem die KTL-Wien vom SS-Führungshauptamt mit der Entwicklung eines Turboantriebs für die Panzer IV und V beauftragt und infolgedessen die Außenstelle „Alfred" gegründet wurde, trat sie bereits erstmals in St. Aegyd in Erscheinung. Wie die Pfarre St. Aegyd am Neuwalde am 10. August 1944 dem bischöflichen Ordinariat mitteilte, wurden Pfarrgründe von der „Kraftfahrtechnischen Lehranstalt in Wien" beansprucht,[56] im Oktober folgte die Beschlagnahmung von Caritashaus und Hauptschule durch die SS.[57]

Mehrere Zeitzeugen erinnern sich übereinstimmend, dass bald nach der Eröffnung des Lagers damit begonnen wurde, auf dem Areal hinter der heutigen Hauptschule einen Stollen auszuheben. Zweck des Stollenbaus soll ein Treibstofflager bzw. eine Raffinerie gewesen sein,[58] was darauf hindeuten könnte, dass St. Aegyd ein Standort des „Mineralölsiche-rungsplanes" von Edmund Geilenberg gewesen sein könnte.[59] Es existie-ren allerdings keinerlei schriftliche Beweise für diese Annahme. Auch Bilski berichtete in seinen Erinnerungen detailliert von der Arbeit im so genannten „Stollenbaukommando". Seinen Plänen ist sogar der genaue Standort des Stollens zu entnehmen:

„Von Erhöhung Sportplatz-Wiese /Schule/ ca. 45 m. in der Richtung nach Kernhof war der Stolleneingang. Eingangsbreite ca. 10 m. breit, tiefe 20-25 m. Entfernung bis zum Kreuzung-Gleise 45-50 m. Eingang zum Stollen-bau gegenüber Markierungsstein 29. 7."[60]

Eine Recherche vor Ort ergab keinerlei Hinweis mehr auf einen Stol-len, tatsächlich wurde er bereits in den ersten Jahren der Nachkriegszeit wieder zugeschüttet[61] und ist inzwischen vollständig verwachsen. Bilski wies im Rahmen eines Aufenthalts in St. Aegyd 1983 darauf hin, dass man *„dieses Stollenbaukommando noch heute erkennen kann weil oben sind die Bäume ganz alt und dick und unten sind junge Bäume."*[62] Seiner Mei-nung nach sollte dort aber keine Raffinerie, sondern vielmehr eine Fabrik für Vergeltungswaffen eröffnet werden:

„In der Woche vor Ostern sind Transporte gekommen mit Teile von der V-Waffen 3. In dieser Stollenbau sollte V-Waffen-Fabrik geöffnet werden. Wir waren drei Tage am arbeiten am abladen bei hohen Schnee und starken Frost."[63]

Dass es sich bei den erwähnten Materialien tatsächlich um Teile einer nicht näher definierten Vergeltungswaffe gehandelt hat, ist fraglich. Vielmehr dürfte es sich um fertiggestellte Bauteile des Triebwerkspanzers der „Gruppe Versuchsbau" in Wien gehandelt haben. Dass solche Teile von der Mittelwerke G.m.b.H. gefertigt wurden,[64] war laut Jens-Christian Wagner, Leiter der KZ-Gedenkstätte Mittelbau-Dora, durchaus keine Seltenheit. Wagner schränkt aber ein:

„Das Mittelwerk übernahm in den letzten Kriegsmonaten mehrere Ferti-gungsaufträge zusätzlich zur V1- und V2-Montage – wenn auch zumeist nur auf dem Papier."[65]

Überdies hält Wagner auch einen Zusammenhang zwischen der Außenstelle „Alfred" der kraftfahrtechnischen Lehranstalt der Waffen-SS in Wien und einem gleichnamigen Außenkommando des KZ-Komplexes Mittelbau-Dora für eher unwahrscheinlich,[66] da hier zwei unterschiedli-che Dinge benannt seien und der Tarnname „Alfred" durchaus öfters ver-wendet worden sei.

Da sich die Situation zu Ostern 1945 in Wien bereits dramatisch zugespitzt hatte, versuchte man die Außenstelle „Alfred" nach St. Aegyd zu verlagern, auch wenn der Standort aufgrund des anhaltenden Arbeitskräftemangels noch nicht vollständig fertiggestellt war. Die örtliche SS-Leitung beschloss aber aufgrund der stetig näherrückenden Front, die Bauteile wieder wegzuschaffen und nach Nordhausen zu schicken.

Letztlich konnte das Lager St. Aegyd seine eigentliche Aufgabe nicht mehr erfüllen. Wie Hans Maršálek berichtet, kam es zu keinerlei Versuchen mit Turbo-Panzern.[67] Als Referenz führt er den ehemaligen italienischen Schriftsteller und St. Aegyder KZ-Häftling Vincenzo Pappalettera an, der mit dem Transport am 21. Februar 1945 nach St. Aegyd überstellt worden war. Der am 29. November 1919 in Mailand geborene Pappalettera war italienischer Schutzhäftling und sollte als Tischler eingesetzt werden. Auch dessen Landsmann Rajmund Pajer kann sich lediglich an Arbeitskommandos im Lageraufbau erinnern.[68]

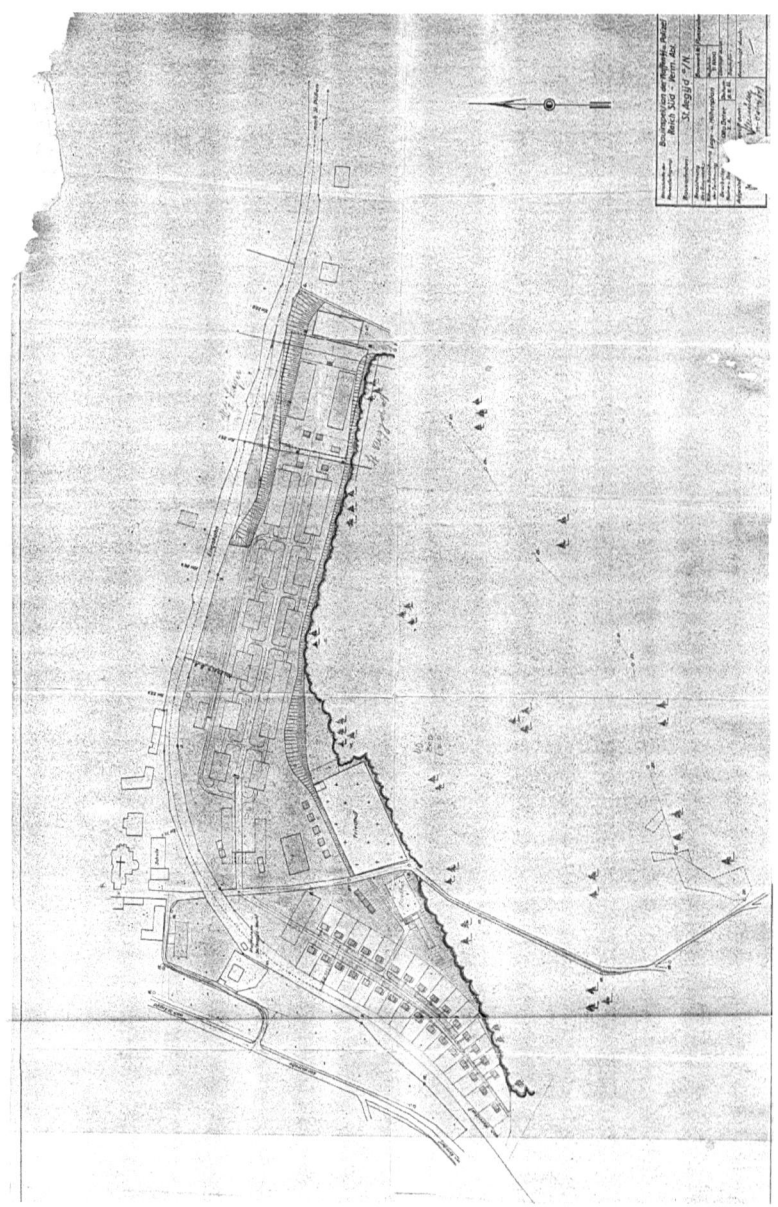

Abb. 2: Lagerplan des KZ-Außenlagers St. Aegyd, Bauinspektion der Waffen-SS.

IV. DIE ERRICHTUNG DES KZ-AUSSENLAGERS ST. AEGYD

Lagerareal

Im Jahr 1944 wurde in dem kleinen, idyllischen, niederösterreichischen Örtchen St. Aegyd am Neuwalde, unweit des steirischen Wallfahrtsorts Mariazell, ein Außenlager des Konzentrationslagers Mauthausen errichtet. Als Areal für das Konzentrationslager wurde ein nur wenige Schritte oberhalb der eigentlichen Ortschaft St. Aegyd befindliches Grundstück gewählt. Die Fläche mit der Hauptgrundstücksnummer 188 befand sich damals im Besitz der katholischen Kirche.[69] Die Gesamtfläche des Areals betrug 42.602 m², der Umfang 1474 m.[70] Dieser Bereich war von der SS abgesperrt und mit der Verbotstafel *„Militärisches Sperrgebiet. Bei Betreten wird ohne Anruf geschossen."* versehen worden.[71]

Bereits im August 1944 beanspruchte die KTL-Wien die Pfarrgründe der katholischen Kirche von St. Aegyd, der örtliche Pfarrer Kaubeck meldete an das Bischöfliche Ordinariat in St. Pölten die *„Inanspruchnahme der Pfarrgründe durch kraftfahrtechn. Lehranstalt in Wien".[72]* Einem weiteren Schreiben des Pfarramtes St. Aegyd vom 13. Dezember 1945 ist zu entnehmen:

„Die im Marktbereich längst der Bahnstrecke gelegenen Grundparzellen der r. k. Pfarre St. Aegyd am Neuwalde wurde im Frühjahr des Jahres 1944 von der KTL der Waffen SS ‚für kriegswichtige Zwecke auf unbestimmte Zeit' (im Wege des damaligen Landrates) b e s c h l a g n a h m t und tatsächlich verwendet. Die gesamte Waldparzelle des Pfarrbesitzes wurde gleichfalls beschlagnahmt und Schlägerungen für Nutz- und Brennholz vorgenommen."[73]

Die hier erwähnte Holzschlägerung gibt einen ersten Hinweis darauf, warum gerade dieses Areal von der Waffen-SS für ein KZ ausgewählt wurde. Die Lage direkt neben dem heute wieder aufgeforsteten Pfarrwald war insofern von Vorteil, als die Häftlinge im Zuge des Arbeitseinsatzes in unmittelbarer Nähe Holz in großer Menge gewinnen konnten. Auch der für die Bauvorhaben der SS benötigte Schotter konnte von den Häftlingen in der näheren Umgebung gewonnen werden.[74] Neben dem Vorhandensein der benötigten Rohstoffe für den Lageraufbau war durch die angrenzenden Geleise auch eine gute Verkehrsanbindung gewährleistet.

"The strategy was probably thinking that the allied forces would not bomb when the camp was being expanded right in the middle of nowhere."[75]

Es ist auffällig, dass die Ebene, auf der sich das Lager befand, auf der Südseite direkt an den steil ansteigenden Pfarrwald grenzte und das Gelände auch in nördlicher Richtung unmittelbar nach dem Stacheldrahtzaun steil abfiel. Diese geografischen Gegebenheiten verleiteten einige der Häftlinge dazu, einen Fluchtversuch in den dichten Wald zu wagen, da es dort für die SS-Wachleute schwierig sein würde, ihre Spur aufzunehmen. Letztlich erwies sich dieses Wagnis aber – soweit bekannt – immer als hoffnungslos und hatte für jene, die es versuchten, drakonische Strafen zur Folge.

Neben der Abgeschiedenheit waren auch die klimatischen Gegebenheiten einer Gegend für die Wahl eines KZ-Standortes ausschlaggebend. Sie bildeten laut Kirstein *„eine zusätzliche, natürliche Waffe zur Unterdrückung und Zerstörung der Häftlinge".*[76] Die Verhältnisse in St. Aegyd waren extrem unwirtlich, tagelang andauernde Schneefälle setzten den Häftlingen zu, trockene Kleidung war eine Seltenheit.[77] Die wochenlangen Temperaturen unter dem Gefrierpunkt waren für die Häftlinge nur schwer auszuhalten.

"One thing I remember is the pain from my frozen feet. The only thing to ease the stinging was to put your feet in the snow bank outside of the dormitory, because as the feet got warmer at night that was when your feet started stinging."[78]

Dass St. Aegyd gleichzeitig eine landschaftlich äußerst attraktive Gegend ist, bedeutet nicht zwangsläufig einen Gegensatz. Bezogen auf das Lager Natzweiler meint Wolfgang Kirstein:

„Die auffallende Schönheit der Vogesenlandschaft, in der das KL Natzweiler errichtet wurde, muß zu dem eben Festgestellten nicht unbedingt in Widerspruch stehen. Sie entsprach vielmehr einer in der SS häufig anzutreffenden Gefühlshaltung, in der ein menschenverachtender Machtwille und eine sentimentale, naturtümelnde Romantik eine durchaus typische Verbindung eingingen."[79]

Stichhaltige Hinweise auf die tatsächlichen Gründe, die für die Wahl ebendieses Grundstückes in St. Aegyd am Neuwalde für den Bau eines KZ-Lagers und vieler weiterer Gebäude ausschlaggebend waren, sind bislang ausständig. Recherchen im Grundbuch der Katastralgemeinde St. Aegyd am Neuwalde ergaben keinerlei Hinweis darauf, dass das besagte Pfarrgrundstück jemals den Besitzer gewechselt hätte. Die Waffen-SS legte offenbar keinen Wert darauf, die Beschlagnahme des Areals im Grundbuch vermerken zu lassen. Sie benutzte zwar die Wald- und Wiesenflächen, laut Grundbucheintrag verblieb das Grundstück aber ohne Unterbrechung im Besitz der katholischen Pfarre von St. Aegyd.

Der eigentliche Schutzhaftlagerbereich nahm vom gesamten durch die Waffen-SS beschlagnahmten Areal weniger als zehn Prozent ein und befand sich am östlichen Ende des Pfarrgrundstückes, dort wo die heutige Pfarrsiedlung endet. Noch bevor allerdings der eigentliche Bereich des Konzentrationslagers entstand, errichteten Zwangsarbeiter in unmittelbarer Nähe bereits Werkstätten. Die St. Aegyder Chronik des späteren Bürgermeisters Hans Heppner enthält diesbezüglich folgende Angaben:

„Es begann mit der Ausmessung einer Längsstraße durch die Pfarrwiese vom Hause Nr. 24 bis zur Villa Amt Weißenbach Nr. 128. Alsbald entstanden Baracken zu beiden Seiten der geplanten Straße. Unterhalb des Friedhofes wurde eine Halle für eine Großtischlerei gezimmert. Neben dem Gemeindefriedhof schuf man eine Küche. Auch elektrisches Licht und Wasser waren zugeführt worden. Nunmehr konnte man die Unterkünfte mit Arbeitskräften aus der Ukraine besetzen. Außerdem vollzogen noch Maurer und Zimmerer den Bau von zwei Parallelbaracken im unteren Teil der Pfarrwiese. Jede hatte einen Fassungsraum für 150 Personen." [80]

Schutzhaftlager

Die Gesamtfläche des Schutzhaftlagerbereiches oder, wie Kirstein es nennt, *„Stacheldrahtbereiches"* [81] betrug zirka 4073 m². [82] Die noch vorhandenen Pläne des KZ St. Aegyd belegen, dass insgesamt vier Gebäude innerhalb des Stacheldrahtzaunes standen. Neben den zwei großen Häftlingsbaracken wurden ein Waschraum und damit verbunden eine Latrine errichtet. Laut Skizzen war die Waschbaracke direkt mit den Latrinen zusammengebaut, allerdings mit zwei unabhängigen Eingängen. Dieser längliche Raum war den beiden Häftlingsbaracken westlich vorgelagert und dreigeteilt. Neben den Latrinen befand sich ein Bereich mit Waschbecken, im dritten Abschnitt der mit Duschen ausgestattete Baderaum. Was die Ausmaße der Waschbaracke betrifft, gibt Bilski an, dass sie *„eine Länge von ca. 25 m. und 7,5 m. Breite gehabt"* hat. [83]

Die beiden Wohnbaracken waren für jeweils 150 Personen ausgelegt, jene rechts des Eingangstores wurde laut Anton Perschl als Baracke I bezeichnet, links vom Tor befand sich Baracke II. Bilski gibt in seinen Erläuterungen Maße und Raumaufteilung beider Baracken wie folgt an:

„Sie waren 45m. lang und 7,5 m. breit. Jeder Block hatte einen Eingang, war verteilt auf 10 Zellen 4,5 m. lang und 6 m. breit. Jede Zelle hatte eine

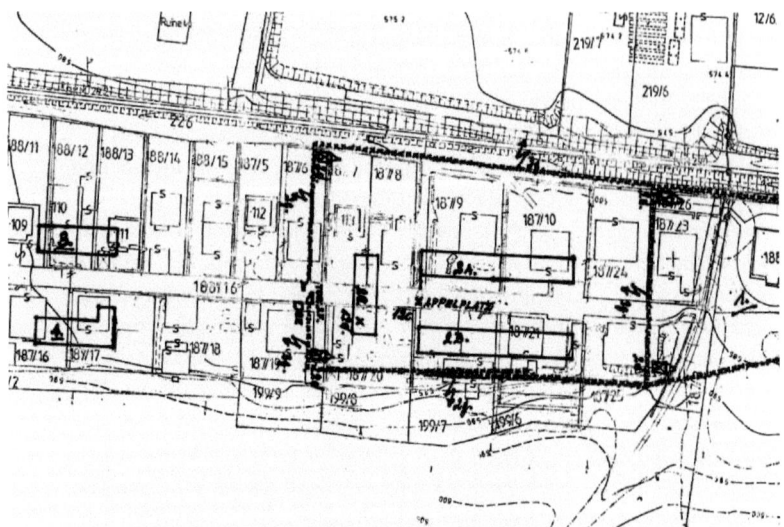

Abb. 3: Skizze des Schutzhaftlagerbereiches im KZ-Außenlagers St. Aegyd, Henryk Czeslaw Bilski. Legende: Stacheldrahtbereich mit elektrischem Zaun (2g.); SS-Sportplatz (1.); Häftlingsbarakken (2A. bzw. 2B.); Waschküche und Latrinen (2C.) sowie Appellplatz; vorgelagert die Baracken von SS-Lagerleitung (3.) und Häftlingsküche sowie Lebensmittelmagazin (4.).

Tür zum Korridor /Korridorbreite 1,5 m./. Es waren auch in jedem Block 9 Fenster, mit dem Gesicht zum Appellplatz." [84]

Laut Angaben von Lagerschreiber Kubicek befand sich abgesehen von den Schlafräumen auch die Lagerschreibstube in Wohnblock I.[85] Die Schreibkanzlei war jener Raum, der dem Eingangstor am nächsten lag und diente gleichzeitig auch als Schlafraum für den Lagerschreiber, der sich diese Zelle laut Bilski mit dem Lagerältesten und dem Blockältesten teilen musste. In der ersten Zelle von Block I waren also nur drei Personen untergebracht, dasselbe galt auch für Block II, wo sich der Blockälteste einen Raum mit dem Blockschreiber und dem Blockfriseur teilte. In den restlichen Zellen schliefen auf nur 27 m² jeweils 18 Häftlinge und der Zellenälteste, der in einem eigenen Einzelbett untergebracht war. Jede Zelle war mit drei Stockbetten ausgestattet, drei Pritschen waren jeweils übereinander angebracht und auf jeder von ihnen schliefen zwei Häftlinge. Darüber hinaus standen in jeder Zelle ein kleiner Eisenofen, ein Tisch und zwei Sessel. In Block I befanden sich überdies die insgesamt zwölf Betten[86] der Krankenstube.[87]

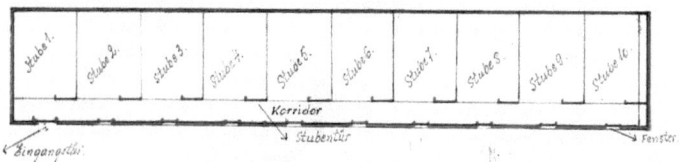

Abb. 4: Grundriss einer Häftlingsbaracke im KZ-Außenlager St. Aegyd; Barackenlänge: 45m, Barackenbreite: 7,5m;[88] Henryk Czeslaw Bilski.

Der Appellplatz, auf dem die Häftlinge täglich bei Sonnenauf- und Sonnenuntergang zum Durchzählen antreten mussten,[89] befand sich zwischen den beiden Baracken. Seine Breite gibt Bilski mit etwa 14 bis 15 Metern an. Sowohl die Fenster der beiden Baracken als auch jene des Waschraumes waren in Richtung Appellplatz ausgerichtet, ebenso die Eingangstüren. Das doppelte Zugangstor ins Schutzhaftlager war etwa sechs Meter breit, das gesamte Lager war von einem etwa drei Meter hohen Zaun umgeben.[90]

Aus einer undatierten Liste mit einer Aufzählung von Materialien und Baumaßnahmen, welche „[z]ur Erstellung eines K.L Lagers" erforderlich sind, geht hervor, dass ursprünglich nur eine Baracke für 150 bis 200 Häftlinge geplant war.[91] Warum letztlich zwei Baracken errichtet wurden, lässt sich nicht mit Sicherheit sagen. Möglicherweise nahm die Wichtigkeit des Bauvorhabens in St. Aegyd zu, weshalb durch eine größere Anzahl an Häftlingen eine Beschleunigung der Bautätigkeit angestrebt wurde. Diese Theorie wird auch von einem Schreiben gestützt, das der namentlich nicht bekannte SS-Untersturmführer und Bauleiter in St. Aegyd an die Kommandantur in Mauthausen verfasste. Darin weist er ausdrücklich darauf hin, dass es sich in St. Aegyd „um ein Bauvorhaben hoher Dringlichkeitsstufe" handle.[92] Fraglich ist, wann mit dem Bau der Häftlingsbaracken begonnen wurde. Wie aus einem Brief der örtlichen Bauleitung an die „Zentralbauleitung der Waffen-SS und Polizei" in Linz-Ebelsberg unter Bezugnahme auf eine Besprechung mit SS-Ober-

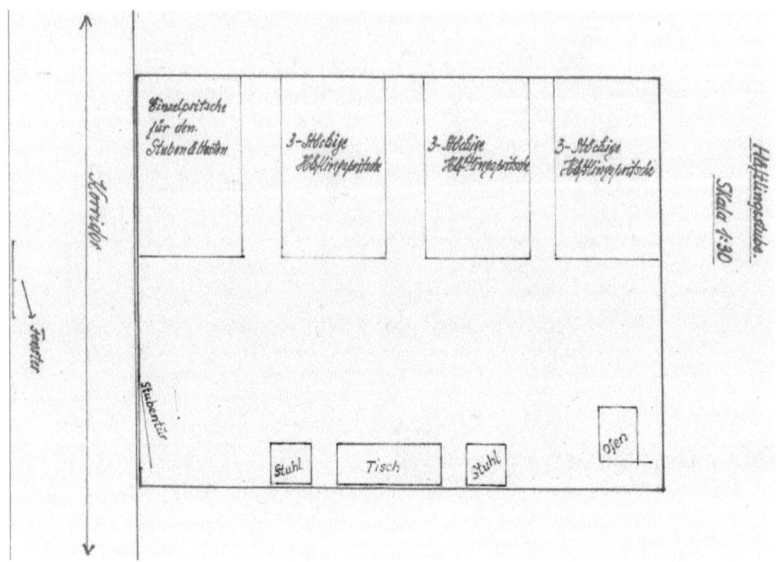

Abb. 5: Grundriss einer Häftlingsstube im KZ-Außenlager St. Aegyd, Henryk Czeslaw Bilski.

sturmführer Zoller vom 28. 9. 1944 hervorgeht, fehlte es in St. Aegyd an technischem Know-how für die Errichtung eines Schutzhaftlagers.

„Für die vordringliche Anlage der Umzäunung für das Häftlingslager werden die Vorschriften und technischen Einzelheiten für die Umzäunung von Häftlingslagern benötigt. Ich bitte, wie am 28.9. besprochen, um baldmögliche Übersendung.“[93]

Der Stacheldraht rund um das Lager wurde so angebracht, dass sich seine Stützen am oberen Ende nach innen bogen.[94] Diese Maßnahme diente dem Zweck, ein Überklettern des Zaunes zu verhindern. Darüber hinaus stand der Zaun vermutlich unter Starkstrom. Diesbezüglich widersprechen sich allerdings die Aussagen von Zeitzeugen und einigen der damaligen Häftlinge und Wachleute, die in den beiden Volksgerichtsprozessen[95] gegen den Rapport- und Arbeitsdienstführer Anton Perschl befragt wurden. Die Bedarfsliste für den Bau eines Konzentrationslagers deutet darauf hin, dass der Stacheldraht tatsächlich unter Starkstrom gestanden hat:

„Elektr. geladene Stacheldrahtumzäunung (380 Volt) Höhe 2,40 m mit schrägen Balken, Weite von Draht zu Draht 15 cm, 1,50 m Stolperdraht. Sicherung von aussen.“[96]

Kurt Frey, ebenfalls Zeuge in den beiden Volksgerichtsprozessen und nach eigenen Angaben ab September 1944 Angehöriger der SS-Wachmannschaften von St. Aegyd, gab zu Protokoll, dass „*die Umzäunung des Lagers nur aus gewöhnlichen [sic] Stacheldraht bestand, der nicht unter Strom stand.*"[97] Möglicherweise wurde der Stacheldraht erst im Laufe der fünf Monate mit Starkstrom versehen. Rajmund Pajer erinnert sich jedenfalls, dass während seiner Zeit in St. Aegyd ab Februar 1945 „ceramic insulating cups" auf dem Zaun angebracht waren,[98] und auch aus den Bilski-Plänen geht hervor, dass der gesamte Schutzhaftlagerbereich mit einem Starkstromzaun umgrenzt war, wie auch der östlich an das Lager angrenzende SS-Sportplatz. Der Schutzhaftlagerbereich war außerdem mit einer extrem hellen Beleuchtung versehen, Lampen mit 150 bis 200 Watt wurden im Abstand von 10 bis 12 Metern montiert.[99]

Sowohl Zaun als auch Beleuchtung sollten von einer „*Schaltanlage für Drahtzaun und Beleuchtung in einem Blockhaus am Eingang des Schutzhaftlagers*" bedient werden können.[100] Tatsächlich dürfte sich direkt an den Stacheldrahtzaun angrenzend ein Gebäude befunden haben, das allerdings in keinem der vorhandenen Lagerpläne näher benannt wurde. Was die Anzahl der Wachtürme rund um die beiden Häftlingsbaracken betrifft, geben alle Pläne einhellig an, es hätten sich vier Türme an den Ecken des Stacheldrahtbereiches befunden. Von dort aus wurden die Häftlinge rund um die Uhr bewacht. Die SS-Wachen waren mit Maschinengewehren ausgestattet,[101] versahen ihren Dienst im Schichtbetrieb[102] und wurden nachts von Scheinwerfern unterstützt. Direkt beim Lagereingangstor befand sich zusätzlich ein kleines „*Wachpostenhäuschen*", wo sich ebenfalls ständig eine bewaffnete SS-Wache aufhielt.[103]

Äußerer KZ-Bereich

Zwei weitere Holzbaracken waren wenige Meter außerhalb des Häftlingslagers angeordnet, Wolfgang Kirstein nennt diesen Bereich den „*äußeren Lagerbereich*".[104] Dem Häftlingslager am nächsten befanden sich die Baracke der Lagerwache und jene des Lagerführers Willi Auerswald. Einige Meter weiter vom Lager entfernt hatte Anton Perschl ebenfalls eine eigene Wohnbaracke. Heinz Apenzeller versah in dieser Baracke ab Ende Februar seinen Dienst als „Putz" des Rapportführers. Er beschreibt die Unterkunft als Hütte mit Bett, Tisch und Sesseln, besonders in Erinnerung blieb Apenzeller aber die blaue Tapete mit vielen Sternen.[105]

Zwischen seiner eigenen und der Baracke des Lagerführers bzw. jener der Dienst habenden Wachmannschaft befanden sich weitere drei – laut Perschls Angaben – leer stehende Baracken. Tatsächlich dürfte es sich bei diesen Baracken aber laut Bilski um das „Büro der SS-Lagerleitung" sowie „Häftlingsküche und Lebensmittelmagazin" gehandelt haben, auch wenn die Meinungen hinsichtlich der Küche auseinander gehen. Anton Perschl und auch Küchenkapo Kreitner gaben übereinstimmend an, dass sich die Lagerküche einige hundert Meter vom Schutzhaftlager entfernt befand, konkret dort, wo sich heute der St. Aegyder Kindergarten befindet, angrenzend an den evangelischen Friedhof.

In der SS-Lagerleitungsbaracke, die eine Grundfläche von 25 x 7,5 m aufwies, befanden sich die Lagerleitung und auch die Häftlingskartei. Dieser Baracke gegenüber, auf der anderen Seite der Straße zum Schutzhaftlager, stand die Baracke mit „Häftlingsküche und Lebensmittelmagazin". Sie war ebenso groß wie die Lagerleitungsbaracke und hatte darüber hinaus „einen 5 m. langen Vorbau mit dem Gesicht zum [sic] Strasse."[106]

Etwa in jenem Bereich, wo der Küchenkapo Kreitner den Standort der Küche zu wissen glaubte, rund 800 m westlich des Stacheldrahtbereiches, standen zehn kleinere, identische Baracken. Die so genannten „Finnenhäuser" waren mit einer Grundfläche von 6 x 4,5 m etwa ebenso groß wie eine einzelne Häftlingszelle. In diesen Baracken lebten die „Schwarzmeerdeutschen".[107] Über sie berichtet der Pole:

„Das waren die Baracken welche hinter dem evangelischen Friedhof da gestanden haben. Die waren bewohnt durch die Schwarzmeerdeutschen. Wie wir zu Arbeit gegangen sind zu der [sic] Stollenbaukommando da haben da neben die Baracken gestanden Teller mit Suppen, Stücke Brot und so weiter, aber niemals mit jemand gesprochen."[108]

Auf dem Weg vom Schutzhaftlager in Richtung Ortskern St. Aegyd – vor dem Bahnübergang auf der rechten Seite – befand sich eine weitere SS-Baustelle. Auch diese Baracke hatte mit 25 x 7,5 m dieselben Abmessungen wie alle anderen Verwaltungsbaracken. Sie war jener Ort, an dem alle Fäden der SS-Bauleitung zusammenliefen und die verschiedenen Arbeitseinsätze und Bauvorhaben koordiniert wurden:

„In diesen [sic] Baracke war das Technische Büro untergebracht, welche für die laufende [sic] Arbeiten verantwortlich war. Hier war auch ein Häftlings-Ingenieur beschäftigt, er war nach den Krieg erste Ingenieur, welche mit der [sic] Aufbau von Warschau beauftragt war. /Ich kann mir seinen Namen leider nicht entsinnen./"[109]

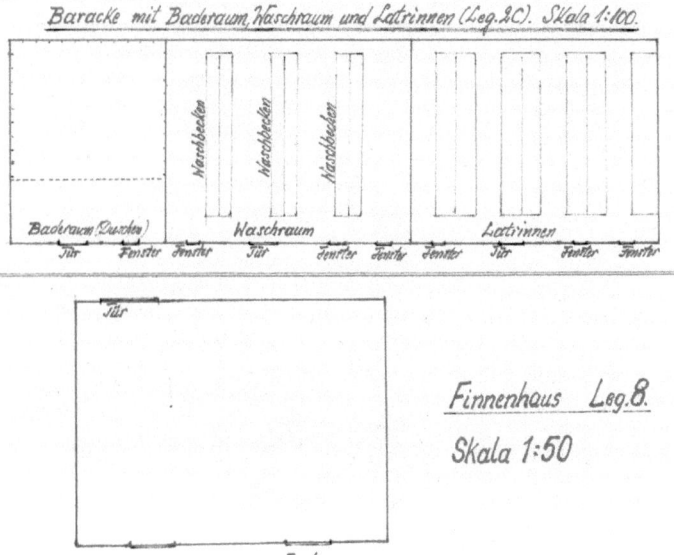

Abb. 6: Grundriss von Waschbaracke und „Finnenhaus" im KZ-Außenlager St. Aegyd, Henryk Czeslaw Bilski.

Gegenüber dieser Baracke in Richtung Westen befand sich wenige Tage vor der Lagerräumung ein Lagerplatz. Dort wurden zu Ostern 1945 Maschinenbauteile abgeladen, die mit Güterzügen geliefert worden waren. Diese Bauteile hätten laut Bilski dem Bau von V2- und V3-Waffen dienen sollen.[110] Wahrscheinlicher ist allerdings, dass es sich bei den Bauteilen um jenen Panzerprototypen mit Turboantrieb gehandelt hat, der in der KTL-Wien entwickelt worden war.

Die SS-Wachmannschaften hatten ihr Quartier jenseits der Bahngeleise, in der heutigen Volksschule. Dort hielten sie sich auf, wenn sie dienstfrei waren. Dort befanden sich außerdem die SS-Küche und ein weiteres Lebensmittelmagazin.[111] Unmittelbar nördlich des katholischen Friedhofes befanden sich außerdem die „Behelfsheime Bauleitung d. Waffen SS u Pol.", wie diese Gebäude in der Skizze des unbekannten Häftlings genannt werden. Näheres ist über den Zweck dieser Bauten nicht bekannt. Den Baracken vorgelagert befand sich die bereits oben erwähnte Tischlerei, einer der vielen Orte, wo die Häftlinge im Rahmen des Arbeitseinsatzes tätig waren. Sowohl Schutzhaftlager als auch Werkstättenbaracken wurden offenbar nicht von den KZ-Häftlingen selbst errichtet sondern bereits in den Monaten vor ihrer Ankunft.

„Im 43-er Jahr ist die SS schon hergekommen und hat dieses Treibstofflager geplant. Da waren aber keine KZler da, sondern da waren Italiener und vermutlich Russen und andere Ostarbeiter. Die haben schon diverse Arbeiten durchgeführt und auch schon Häftlingsbaracken aufgestellt. Die waren vorher schon in dem Lager einquartiert, haben aber kein Sträflingsgewand angehabt." [112]

Im Archiv der Gemeinde St. Aegyd am Neuwalde befinden sich Namenslisten von „Ostarbeitern", die in den Kriegsjahren bis 1944 in St. Aegyd arbeiteten. Ob diese Arbeiter tatsächlich am Lageraufbau beteiligt waren, lässt sich nicht mit Sicherheit sagen. Wie in der St. Aegyder Heimatchronik übereinstimmend mit der Jahresangabe von Friedrich Enk berichtet wird, soll die Waffen-SS bereits 1943 nach St. Aegyd gekommen sein:

„Im Frühjahr 1943 bezogen Mannschaften und einige Techniker der SS (Schutz-Staffel) das Karitashaus. Ihre Aufgabe war die Vorbereitung einer Großanlage zur Herstellung und Lagerung von Treibstoffen." [113]

Ob diese Angaben über das Eintreffen der SS im Jahr 1943 tatsächlich der Realität entsprechen, muss angezweifelt werden. Heppner berichtet, dass die SS-Techniker im Karitashaus Quartier bezogen hätten. Der tatsächliche Einzug in das Karitasheim dürfte aber erst mindestens ein Jahr später erfolgt sein. Denn erst im Herbst 1944 meldete die katholische Kirche St. Aegyd, die damals im Besitz des besagten Gebäudes war, die Beschlagnahmung des Gebäudes durch die SS. Pfarrer Franz Kaubeck schrieb am 19. Oktober 1944 dem bischöflichen Ordinariat der Diözese St. Pölten:

„Das gefertigte Pfarramt berichtet, dass hierorts – sowie das Caritashaus und die Pfarrgründe – auch das Gebäude der Hauptschule [Anm.: die heutige Volksschule] von der S.S.Truppe beschlagnahmt wurde und daher sämtliche Hauptschulklassen n a c h H o h e n b e r g verlegt werden mußten." [114]

Die Tatsache, dass SS-Wachmannschaften und Techniker nicht in eigens errichteten Baracken untergebracht waren, sondern in bereits vorhandene Häuser einquartiert wurden, ist eine Abweichung von jenem architektonischen Schema, nach dem die Konzentrationslager normalerweise ab 1936 geplant wurden. [115] Dass im Falle des Außenlagers St. Aegyd zu diesem Zweck bestehende Gebäude beschlagnahmt wurden, dürfte einerseits auf finanzielle Gründe zurückzuführen sein, denn die

Verwendung von Karitasheim und Schule als Unterkünfte war vermutlich billiger als die Errichtung neuer Baracken. Andererseits haben möglicherweise auch zeitliche Überlegungen eine Rolle gespielt, denn in dieser Phase des Krieges setzte die Waffen-SS in die Entwicklung neuer Technologien, von denen ein entscheidender Vorteil für den Kriegsverlauf zu erwarten war, große Hoffnungen. Die Zeit drängte allerdings, da die Front von Tag zu Tag näher heranrückte.

Zusammenfassend dürften für die Waffen-SS beim Aufbau eines KZ-Außenlagers mehrere Faktoren für den Standort St. Aegyd gesprochen haben. Was die Infrastruktur betraf, so war eine Anbindung an das Schienennetz in unmittelbarer Nähe des Lagers gegeben, gleichzeitig liegt der Ort aber etwa eine Autostunde von der nächstgrößeren Stadt St. Pölten entfernt und ist nur durch ein schmales Tal zu erreichen, welches im Bedarfsfall mit geringem Aufwand hätte versperrt werden können – gut geeignet für einen möglichen Rückzug vor den näher rückenden alliierten Truppen. Ähnlich wie es Kirstein für das Lager Natzweiler beschreibt,[116] herrschten auch in St. Aegyd große Gegensätze. In landschaftlicher Hinsicht ist der Voralpen-Ort durchaus reizvoll, gleichzeitig herrschen hier im Winter extreme Witterungsbedingungen. Schneemengen von einem Meter und mehr sind zwischen November und April keine Seltenheit. Hier konnten Menschen, die nur mit Fetzen bekleidet und extrem unterernährt waren, durch stundenlange, harte Arbeit in den Tod getrieben werden.

V. DIE HÄFTLINGE VON ST. AEGYD

Zu- und Abgänge

Zwischen 2. November 1944 und 1. April waren Männer aus 18 verschiedenen Ländern Europas in St. Aegyd am Neuwalde inhaftiert. Obwohl es während des genannten Zeitraums aufgrund der Zu- und Abgangstransporte mehrfach quantitative Verschiebungen gab, waren die polnischen Schutzhäftlinge immer die größte Gruppe, gefolgt von Russen und Jugoslawen. Abgesehen von Haftgrund und Nationalität sind auch noch andere Informationen über die Häftlinge von St. Aegyd erhalten geblieben. Denn sowohl im Nebenlager St. Aegyd am Neuwalde als auch im Hauptlager Mauthausen musste von den Lagerschreibern der Zu- oder Abgang von Häftlingen akribisch festgehalten werden. Täglich wurden beim Appell der aktuelle Häftlingsstand erhoben und Abweichungen verzeichnet. So existiert über nahezu jede Überstellung nach St. Aegyd eine Transportmeldung, ebenso für fast jede Rücküberstellung nach Mauthausen. Diese Listen beinhalten neben einer laufenden Nummer den Vor- und Nachnamen des Häftlings sowie dessen Häftlingsnummer, Geburtsdatum, Geburtsort und den Haftgrund. Viele – aber nicht alle – Listen enthalten zusätzliche Informationen über den Arbeitseinsatz, für den der jeweilige Häftling vorgesehen war.

Aufgrund der verschiedenen Erfassungslisten ist relativ detailliert nachvollziehbar, zu welchem Zeitpunkt wie viele Häftlinge in St. Aegyd inhaftiert waren. Im Zeitraum vom 2. November 1944 bis zur Schließung des Lagers am 1. April 1945 waren laut dem Rapportbuch des KZ Mauthausen 497 Häftlinge – manche nur kurz, die anderen die gesamten fünf Monate hindurch – im Lager St. Aegyd inhaftiert.[117] Anhand der aufgefundenen Transportlisten konnten 492 Häftlingsnamen ausgeforscht werden und mit den wichtigsten persönlichen Daten in einer Datenbank erfasst werden. Fünf weitere Häftlinge sind bisher nicht namentlich bekannt, da es nicht möglich war, ausnahmslos alle Transportlisten ausfindig zu machen. Während des Bestehens des Lagers St. Aegyd kam es aber abgesehen von vier größeren Transfers nur zu einzelnen Zu- oder Abgängen,[118] welche vermutlich auch die fünf fehlenden Personen beinhalteten. Die Aufzeichnungen der SS über das KZ St. Aegyd beginnen am 3. November 1944, am 15. März 1945 endet das Rapportbuch von Mauthausen. Für die Zeit danach existieren nur noch einzelne Lagerstandsberichte, wie etwa für den 21. März.[119] An diesem Tag waren laut einer SS-Bestandsliste 302 Häftlinge in St. Aegyd inhaftiert, 19 davon waren als jüdische Häftlinge registriert. Die Zahl der Erkrankten belief sich laut dieser Aufzeichnungen auf 22 „Arier". Darüber hinaus sind für den Monat März insgesamt vier Todesfälle vermerkt, ebenfalls allesamt „Arier". Für den Tag der Auflösung des Lagers am 1. April 1945 ist wiederum eine Meldung vorhanden, die Folgendes angibt:

„*Nach KLM wurden rücküberstellt: am 4. April 1945 vom Kdo. St. Aegyd 297 Häftlinge.*"[120]

Die zeitliche Diskrepanz zwischen Lagerauflösung am 1. April 1945 und der formellen Wiederaufnahme der zurück überstellten St. Aegyder Häftlinge in Mauthausen am 4. April 1945 ergibt sich aus dem mehrere Tage dauernden Rücktransport.

Wie schon erwähnt, kam es während der knapp fünf Monate, in denen das Außenlager St. Aegyd bestand, zu vier größeren Häftlingstransfers. Die jeweils zwei Zu- und Abgänge sollen hinsichtlich Alter, Arbeitseinsatz, Haftgründe und Nationalität der Häftlinge miteinander verglichen werden. Diese Untersuchung zeigt Veränderungen in der Struktur der Häftlingsgesellschaft auf, die sich während des Bestehens des Lagers ergeben haben. Der Vollständigkeit halber muss angemerkt werden, dass die folgenden statistischen Auswertungen nicht auf einer Vollerhebung basieren, da vereinzelte Häftlingstransportlisten nicht mehr auffindbar waren.

Der erste Häftlingstransport nach St. Aegyd am Neuwalde vom 2. November 1944

Der erste Häftlingstransport von Mauthausen erreichte St. Aegyd am Neuwalde am 2. November 1944 und bestand aus insgesamt 300 Männern. Diese Häftlinge waren keineswegs willkürlich ausgewählt worden, sondern nach Arbeitseinsatz eingeteilt.[121] Dabei unterschied die Lagerführung drei große Gruppen: Facharbeiter, Hilfsarbeiter und Funktionshäftlinge. Die tatsächliche Tätigkeit im Lager musste nicht zwangsläufig mit dem Zivilberuf der Häftlinge übereinstimmen. Vielmehr versuchten viele schon bei der Einlieferung in das Hauptlager Berufe anzugeben, die ihnen das Leben dort nach Möglichkeit etwas erleichtern konnten:

„*Bei der Einlieferung ins KZ wurde in die Karteikarte des Gefangenen auch sein Beruf eingetragen. Ein handwerklicher Beruf war in der Regel günstig; denn immer wieder wurden Schlosser, Maurer, Tischler oder ähnliche*

Berufe von den Kommandoführern angefordert. Ein Rechtsanwalt – oder ein Angehöriger eines anderen intellektuellen Berufes – war aber nicht gesucht. Dazu kam, daß die SS Intellektuelle bevorzugt zum Ziel ihrer Quälereien machte."[122]

Eine Untersuchung hinsichtlich der tatsächlichen Zivilberufe der Häftlinge ist im Rahmen dieser Arbeit leider nicht möglich, da diese nur sehr sporadisch bekannt sind.

Über den ersten Lagerzugang in St. Aegyd geben zwei unterschiedliche Häftlingslisten Auskunft. Eine Liste gibt die Veränderungen des Häftlingsstandes aus der Sicht des Hauptlagers wieder und ist mit 3. November 1944 datiert.[123] Darüber hinaus existiert eine Abschrift, die offenbar am Standort des Außenlagers St. Aegyd nachträglich mit vielen ergänzenden handschriftlichen Einträgen versehen wurde und die das Datum 2. November 1944 trägt.[124] Darauf wurde beispielsweise verzeichnet, dass Häftlinge, die in der Liste ursprünglich als „Kutscher" und „Holzarbeiter" eingetragen waren, in Wahrheit als Hilfsarbeiter eingesetzt wurden. Außerdem wurden die Namen jener Häftlinge mit einem roten Kreuz markiert, die in St. Aegyd verstorben sind. Die Arbeitsunfähigen, die zurück nach Mauthausen gebracht werden sollten, wurden mit einem roten Kreis gekennzeichnet. Spätere Zugänge einzelner Häftlinge wurden handschriftlich ergänzt. Die besagte Liste wurde im Volksgerichtsprozess gegen Anton Perschl vom damaligen Sachverständigen als authentisch angesehen und ihre Entstehung in die Zeit des Lagers St. Aegyd datiert.[125]

Die Untersuchung der in St. Aegyd benötigten Berufsgruppen gibt Auskunft darüber, welche Tätigkeiten im Rahmen des Arbeitseinsatzes durchgeführt werden mussten. Der erste Transport bestand aus insgesamt 161 Hilfsarbeitern, das ist mehr als die Hälfte (53,67%) des Gesamttransportes. Auffällig ist dabei vor allem die Tatsache, dass von den 161 Männern 77 aus Polen und 63 aus Jugoslawien kamen. Diese beiden Gruppen stellten also fast das gesamte Potential an Hilfsarbeitern in den ersten Monaten. Erst der zweite große Lagerzugangstransport Ende Februar brachte hinsichtlich der Nationalität der Hilfsarbeiter eine Veränderung.

Die 125 Facharbeiter (41,67% der Häftlingsgesamtzahl) des ersten Transportes teilten sich folgendermaßen nach Berufsgruppen auf:

20 Maurer, 20 Tischler, 20 Zimmerleute, 14 Schlosser, 8 Stellmacher, 7 Betonarbeiter, 6 Maler, 6 Elektriker, 5 Spengler, 4 Maschinenführer, 3 Schneider, 3 Schuster, 2 Sanitäter, 2 Schmiede, 2 Schweißer, 2 Friseure und 1 Installateur.

Abschrift.

KL Mauthausen
Schutzhaftlager

Mauthausen, den 2. November 1944

T r a n s p o r t l i s t e

Am heutigen Tage werden vom KL. Mauthausen nach dem Aussenkommando
KTL. W i e n (St.Agyd a. Steinfeld) folgende 300 Häftlinge lt. Aufstellung überstellt:

Tischler:(20)

1.	Prawosud	Alexej	10.5.26	Schalomki	90187	Ziv.Russe
2.	Schtschawinskij	Nikolaj	19.12.11	Fedoriwka	96846	"
3.	Brzezinski	Stanislaw	20.5.93	Jasin	100749	Pole Sch.
4.	Calucinski	Josef	26.3.96	Mstow	100754	"
5.	Fogel	Alfred	14.2.04	Warschau	100809	"
6.	Gaworski	Jerzy	1.2.20	Warschau	100821	"
7.	Gluszkow	Mytrofan	2.6.06	Woronesch	100889	Ziv.Russe
8.	Gorazek	Stanislaw	22.12.13	Kalisz	100835	Pole Sch.
9.	Kopeczek	Zygfryd	13.3.01	Grobla	100927	"
10.	Kbzewski	Stanislaw	30.5.09	Ruda Kosciel.	100969	"
11.	Kuczynski	Wladyslaw	24.9.84	Warschau	100982	"
12.	Macinski	Wincenty	29.6.97	Litzmannst.	101040	"
13.	Mazek	Miecyslaw	10.11.11	Warschau	101060	"
14.	Podczaski	Edward	28.5.16	Warschau	101167	"
15.	Siwtzow	Ignat	1.2.00	Stidionka	102277	Ziv.Russe
16.	Farkulj	Stanislaw	5.11.21	Struge	102522	Ital.Sch.
17.	Lewrenoo	Franz	24.11.19	Breznica	102532	DR Schutz
18.	Demjanenko	Afanasij	22.2.10	Warwarowka	103919	Ziv.Russe
19.	Peusens	Heinrich	26.3.20	Aachen	106093	SV DR
20.	Rewin	Iwan	18.9.22	Alexejewka	106446	Kgf.SU

Zimmerleute:(20)

21.	Duqueyroix	Louis	31.12.22	Asnieres	26972	Franz.Sch.
22.	Richter	Albert	14.2.18	Kassel	61473	SV DR.
23.	Mamajew	Jerofej	1.10.99	Alma-Ata	83269	Kgf.SU
24.	Rosinkin	Pawel	5.3.13	Ust Gawrilowka	88862	Ziv.Russe
25.	Simanke	Adolf	16.7.00	Fredenthal	91732	DR Schutz.
26.	Wrzecien	Adam	25.3.17	Rokietnica	96364	Pole Sch.
27.	B a k	Stefan	1.1.17	Wesselburen	100708	"
28.	Hemitech	Schtschepan	5.5.98	Gera	101771	Ziv.Russe
29.	Smyczynski	Jan	1.3.15	Fluchow	102302	Pole Sch.
30.	Sommer	Josef	21.2.98	Unterrohr	102313	DR Schutz.
31.	Schary	Wasilij	20.10.08	Kalinino	102369	Ziv.Russe
32.	Schlopak	Mikolaj	2.7.24	Korostyschowo	102377	"
33.	Wojtawicz	Waclaw	1.2.02	Wosnajaw	102455	Pole Sch.
34.	Jaworski	Wladyslaw	1.1.13	Powsinek	102703	"
35.	Benach	Czeslaw	12.5.14	Emilianow	104141	"
36.	Borff	Stepan	21.10.23	Warthenau	104201	Pole Sch.
37.	Gurhen	Wladyslaw	23.9.24	Mstrzowce	104396	"
38.	Hinoz	Stanislaw	7.3.16	Konstantinow	104408	"
39.	Bajkow	Georg	7.4.02	Moskau	106131	Ziv.Russe
40.	Teplow	Michail	5.10.08	Nowosibirsk	106546	"

- 2 -

Abb. 7: Auszug aus einer Original-Transportliste vom 2. November 1944 mit handschriftlich ergänzten Einträgen.

Es lässt sich heute nicht mehr mit Sicherheit sagen, ob die für Facharbeiten eingeteilten Häftlinge auch tatsächlich in den für sie vorgesehenen Tätigkeiten eingesetzt wurden. Aus der Auflistung der Häftlinge nach Berufsgruppen geht aber klar hervor, dass es sich um vorwiegend einfache handwerkliche Tätigkeiten handelte, die nicht auf einen Einsatz in der Erforschung oder Entwicklung neuer Panzer- oder Rüstungstechnologie hindeuten, sondern vielmehr auf einen Einsatz im Lageraufbau.

Die dritte Gruppe des ersten Transportes bildeten die Funktionshäftlinge – 10 Kapos, 1 Lagerschreiber und 3 Schreiber. Sie war mit nur 4,67% Anteil an der Gesamthäftlingszahl eindeutig in der Minderheit und rekrutierte sich überwiegend aus deutschen männlichen Häftlingen. Vier Polen, drei davon Schreiber, sowie ein Tscheche fanden ebenfalls Verwendung als Funktionshäftlinge. Obwohl zahlenmäßig in der Minderheit, war diese Gruppe dennoch die mit Abstand einflussreichste im Lager.

Was das Alter der Häftlinge betrifft, so fällt auf, dass der jüngste Häftling, der Pole Jan Pniewski, bei seiner Überstellung nach St. Aegyd gerade erst 15 Jahre alt war. Insgesamt hatten 22 Häftlinge bei ihrer Überstellung nach St. Aegyd das zwanzigste Lebensjahr noch nicht erreicht. Die Zahl der bereits über 50-jährigen war mit 23 etwa ebenso hoch. Diese beiden Gruppen bildeten mit jeweils rund 7 Prozent des Gesamttransportes die kleinsten Altersgruppen. Die übrigen Häftlinge verteilten sich nahezu gleichmäßig auf drei Altersgruppen: 85 Häftlinge kamen mit einem Alter zwischen 20 und 29 Jahren in St. Aegyd an, 91 Häftlinge waren zum Zeitpunkt der Einlieferung schon 30 bis 39 Jahre alt und 80 Häftlinge des Transportes waren bereits zwischen 40 und 49 Jahre alt. Betrachtet man nun nochmals den gesamten Transport, so ergibt diese Altersverteilung ein Durchschnittsalter von 34 Jahren.

In Hinblick auf die Herkunft fällt auf, dass mehr als die Hälfte der Häftlinge (157) aus Polen stammte. 77 von ihnen wurden in St. Aegyd als Hilfsarbeiter eingesetzt. Mit 66 Männern bildeten die Jugoslawen die zweitgrößte Gruppe des ersten Häftlingstransportes – nicht weniger als 63 von ihnen kamen ebenfalls als Hilfsarbeiter zum Einsatz. Die nächst größeren Gruppen waren die sowjetischen (33) und die deutschen Häftlinge (31). Die Männer aus dem Gebiet des Deutschen Reiches wurden etwa zu gleichen Teilen als Hilfs- oder Facharbeiter sowie Funktionshäftlinge eingesetzt. Die restlichen 13 Häftlinge stammten aus Italien (4), Frankreich (2), Lettland (2), je ein Häftling kam aus Belgien, Luxemburg, Ungarn, Tschechien und Albanien.

Die Häftlingsnummer sagt viel über den jeweiligen Häftling aus und kann im Idealfall darüber Auskunft erteilen, woher und wann ein Häftling in ein Konzentrationslager kam. Im Falle des KZ Mauthausen und seiner Außenlager lassen sich anhand der akribischen Forschung von Hans Maršálek detaillierte Aussagen darüber treffen, wann die Häftlinge nach Mauthausen kamen und von wo sie überstellt wurden. Einschränkend muss aber berücksichtigt werden, dass *„alle durch Tod, Überstellungen oder Entlassungen frei gewordenen Häftlingsnummern erneut vergeben"* [126] wurden. Diese Vorgangsweise wurde laut Maršálek bis zum 20. Februar 1942 beibehalten. Ab diesem Tag wurden die Häftlingsnummern fortlaufend und nur noch einmalig vergeben. Insgesamt fünf Häftlinge des ersten Transportes trugen eine Häftlingsnummer unter 1000, woraus sich gesichert schließen lässt, dass sie vor 20. Februar 1942 nach Mauthausen eingeliefert wurden. Zu vermuten ist, dass diese Häftlinge bereits seit der Anfangsphase in Mauthausen inhaftiert waren, aufgrund der Praxis der Nummernmehrfachvergabe und der unvollständigen Überlieferung lässt sich diese Annahme jedoch nicht verifizieren. Diese fünf Häftlinge wurden in St. Aegyd allesamt als Funktionshäftlinge eingesetzt und stammten durchwegs aus dem Deutschen Reich. Vier dieser Häftlinge kamen in die so genannte „befristete Vorbeugungshaft" (BV) [127] nach Mauthausen, einer war als so genannter „asozialer" Häftling (AZR) [128] von einer Reichsbehörde eingewiesen worden.

Unter diesen fünf Häftlingen waren mit Lagerschreiber Alois Kubicek (Häftlingsnummer 286) und Ludwig Kocwara (Häftlingsnummer 262) auch zwei jener Häftlinge, die später in den Prozessen gegen den Rapportführer Anton Perschl aussagten und diesen schwer belasteten. Der Reichsdeutsche Vinzenz Cellbrodt kam ebenso als Funktionshäftling (Häftlingsnummer 831) 1938 nach Mauthausen und wurde am 2. November 1944 nach St. Aegyd verlegt. Dort wurde er zu Weihnachten 1944 durch einen Schuss aus der Dienstpistole des Rapportführers Anton Perschl getötet. Die Frage, ob Cellbrodt tatsächlich – wie von Perschl behauptet – flüchten wollte und der Rapportführer ihn folglich „auf der Flucht" erschossen hat, wird in einem späteren Kapitel noch im Detail behandelt.

Von den restlichen 295 Häftlingen des ersten St. Aegyder Transportes kamen weitere drei bereits in der Frühzeit, ein weiterer Zeuge im Perschl-Prozess, Karl Kreitner (Häftlingsnummer 13896), im Jahr 1942. Sechs weitere Häftlinge waren ab 1943 im Konzentrationslager Mauthausen inhaftiert, der überwiegende Teil der ersten St. Aegyder Häftlinge erst 1944 (insgesamt 285 Häftlinge). Auffällig ist vor allem die Tatsache, dass 10 der 14 St. Aegyder Kapos bereits mit dem ersten Transport nach St. Aegyd kamen und mit Ausnahme des bereits erwähnten Vinzenz Cellbrodt auch bis zur Auflösung des Lagers dort blieben. Diese 10 Häftlinge waren langjährige und „erfahrene" Mauthausen-Häftlinge – ganz im Gegensatz zur überwältigenden Mehrheit der Hilfs- und Facharbeiter, die vielfach erst im Zuge der Evakuierung[129] der in Osteuropa gelegenen Lager nach Mauthausen kamen. In welchem Land bzw. welchem Lager die St. Aegyder Häftlinge erstmals in Haft kamen, ist nicht immer feststellbar. Der Häftlingsdatenbank der KZ-Gedenkstätte Mauthausen ist zu entnehmen, dass 94 Häftlinge des ersten St. Aegyd-Transportes am 20. und 22. September 1944 von Auschwitz nach Mauthausen kamen. Bei dieser Gruppe handelte es sich ausschließlich um polnische Schutzhäftlinge. Acht Häftlinge verschiedener Nationalitäten waren am 16. September 1944 von Dachau nach Mauthausen überstellt worden, eine weitere Gruppe von 13, großteils Polen, kam am 20. September 1944 aus Groß-Rosen. Von den restlichen 184 Häftlingen sind keine diesbezüglichen Daten vorhanden.

Auch die Frage nach dem Grund der Inhaftierung der Häftlinge lässt sich anhand der vorhandenen Transportlisten nachvollziehen. Insgesamt 246 der 300 Häftlinge kamen als Schutzhäftlinge – aufgrund der seit 1933 gültigen „Notverordnung zum Schutz von Volk und Staat"[130] – ins KZ. Die zweitgrößte Gruppe bildeten die sogenannten russischen Zivilarbeiter (RZA), die in St. Aegyd vorwiegend als Facharbeiter eingesetzt wurden. Diese Kategorie bezeichnete Häftlinge, die aus „Fremdarbeiterlagern" strafweise in ein Konzentrationslager verlegt wurden.[131]

Acht der St. Aegyder Häftlinge waren „BV-er"[132], wie die kriminellen Häftlinge oder „Berufsverbrecher" im Lagerjargon zumeist bezeichnet wurden. Von diesen acht – mehrfach vorbestraften – Häftlingen kamen sieben aus dem Gebiet des Deutschen Reichs, alle sieben waren in St. Aegyd als Kapos eingesetzt. Die „SV-Haft"[133] bezog sich auf Personengruppen, die basierend auf einem Abkommen zwischen Himmler und Justizminister Thierack für unbestimmte Zeit aus Justizanstalten in Konzentrationslager überstellt wurden. Die Gruppe der „Zigeuner" war oftmals unter verschiedenen Kürzeln inhaftiert. Nach St. Aegyd kamen sie entweder als AZR-Häftlinge, BV-Häftlinge oder auch unter der Bezeichnung „Zigeuner".

Der Rücktransport nach Mauthausen vom 8. Jänner 1945

Rund 160 Häftlinge, also mehr als die Hälfte, waren innerhalb weniger Wochen in St. Aegyd schon derart geschwächt, dass sie den ihnen abverlangten Anforderungen des Arbeitseinsatzes und vor allem den ständigen Misshandlungen von SS und Kapos nicht mehr gewachsen waren. Der St. Aegyder Bauleiter, ein namentlich nicht bekannter SS-Untersturmführer, verfasste bereits am 27. Dezember 1944 einen Brief an das „Konzentrationslager – Arbeitseinsatz – z. Hd. SS-Ostf. Dittmann" in Mauthausen, in dem er bat:

„Von den hierher am 3.11.44 überwiesenen Häftlingen sind inzwischen 29 gestorben und einer ist nach Mauthausen überstellt worden, sodass insgesamt ein Defizit von 30 Häftlingen besteht. Ich bitte den Stand der Häftlinge auf die ursprüngliche Anzahl von 300 Mann zu ergänzen und der hiesigen Lagerführung Mitteilung zu machen, wann die Häftlinge abgeholt werden können." [134]

Dieser Brief veranlasste das Hauptlager Mauthausen, einen SS-Arzt nach St. Aegyd zu schicken, um die tatsächliche Situation zu beurteilen. In den darauffolgenden Tagen begab sich der im Lager Wr. Neudorf stationierte SS-Arzt Richard Plättig nach St. Aegyd und unterzog die Häftlinge einer Untersuchung. [135] Er stellte bei 160 Häftlingen Arbeitsunfähigkeit fest und empfahl deren sofortige Rücküberstellung nach Mauthausen. Warum letztlich nur 91 Häftlinge rücküberstellt wurden, lässt sich heute nicht mehr nachvollziehen. Drei Tage nach dem Rücktransport vom 8. Januar 1945 wandte sich die Bauleitung von St. Aegyd neuerlich an Mauthausen:

„Auf meine Bitte vom 27.12., mir meine Häftlinge auf den Stand von 300 Mann zu ergänzen, haben Sie mir leider mitgeteilt, dass dies z.Zt. nicht möglich sei. Inzwischen sind ausserdem 90 Häftlinge die hier auf keinen Fall mehr in Einsatz gebracht werden konnten, nach dorthin abgestellt worden, sodass wir insgesamt nur 105 einsatzfähige Leute hier haben. Dieser Stand reicht auf keinen Fall aus zur Deckung des Bedarfs. Ich bitte sie dringend, Obersturmführer, mir entweder die 90 zuletzt überstellten Häftlinge oder wenigstens die 37 verstorbenen oder sonst wie vorher überstellten Leute baldmöglichst zu ersetzen, da ich hier alle Arbeiten sonst stoppen müsste." [136]

Die erwähnten Häftlinge wurden mit dem Zug zurück nach Mauthausen geschickt, wo sie großteils ins Sanitätslager kamen. Zum körperlichen Zustand dieser Häftlinge nahm der Bauleiter von St. Aegyd in einem weiteren Schreiben vom 3. Februar 1945 an die „Kommandantur des KL. Mauthausen" wie folgt Stellung:

„Von diesen Häftlingen [Anm.: die 300 Häftlinge des ersten Transportes] waren durch Krankheit und Todesfälle in kurzer Zeit bereits für den Arbeitseinsatz 40 ausgefallen. Die im Arbeitseinsatz stehenden Häftlinge waren ungenügend ernährt und in schlechtem Gesundheitszustand, sodass auf Geheiss des dortigen Lagerarztes am 8.1.45 90 Häftlinge zum vorläufigen Austausch nach Mauthausen überstellt wurden." [137]

Von den 91 zurück transportierten Häftlingen waren 57 als Hilfsarbeiter eingesetzt. Mehr als die Hälfte von ihnen stammte aus Polen (35) oder Jugoslawien (19), lediglich zwei Funktionshäftlinge – beide Schreiber aus Polen – kamen nach Mauthausen zurück. Unter den 32 rücküberstellten Facharbeitern waren Maurer, Tischler und Zimmerleute mit je sechs Häftlingen besonders stark vertreten.

Im Vergleich zum ersten Lagerzugang hatte sich der Altersdurchschnitt beim ersten Rücktransport vom 8. Januar von 34 auf 38 Jahre gesteigert. Von den über 50-jährigen Häftlingen wurde nahezu die Hälfte aufgrund von Krankheit oder Schwäche von St. Aegyd rücküberstellt (9 von 21). Im Verhältnis gesehen war diese Gruppe am stärksten von Arbeitsunfähigkeit und dem damit verbundenen Rücktransport nach Mauthausen betroffen. Die quantitativ größte Gruppe bildeten aber die 30- bis 49-Jährigen, von denen 57 zurück geschickt wurden (62,64%). Von jenen, die das 30. Lebensjahr noch nicht erreicht hatten, wurden im Vergleich nur 25 nach Mauthausen zurück transportiert (27,47%).

Mit 60 Häftlingen (66%) stellten die Polen die mit Abstand größte Gruppe dieses Transportes, was zweifelsohne eine besondere Häufung ist, wenn man auch einräumen muss, dass die Polen mit 52,3% der gesamten Häftlingszahl die Mehrheit im Lager bildeten. Auch 20 jugoslawische Häftlinge, 19 von ihnen Hilfsarbeiter, kamen im Januar zurück nach Mauthausen, mit fünf Häftlingen bildeten die russischen Häftlinge die drittgrößte Gruppe.

Der Häftling mit der niedrigsten Nummer beim Rücktransport vom 8. Januar 1945 war der Italiener Cataldo Doria. Er war am 13. Jänner 1944 nach Mauthausen eingeliefert worden und hatte dort die Nummer 42072 erhalten.[138] Im Falle von Doria sind Tag und Ort seiner Überstellung nach Mauthausen nicht bekannt – ebenso wie bei 46 weiteren Häftlingen dieses Transportes. Anders verhält es sich bei 38 der nach Mauthausen zurück überstellen Polen. Sie stammten aus jener bereits erwähnten Gruppe, die am 22. September 1944 von Auschwitz nach Mauthausen gekommen war. Sie alle waren als Schutzhäftlinge im KZ, lediglich die fünf russischen Häftlinge waren als „RZA-Häftlinge" oder „sowjetische Kriegsgefangene" in Haft.

Der Rücktransport nach Mauthausen vom 20. Februar 1945

„Damit beträgt die Iststärke seit dem 9.1.45 nur noch 170 Mann. Von diesen 170 Häftlingen sind 20 % immer noch revierkrank und schonungsbedürftig. Praktisch hat also die Bauleitung von der Sollstärke weit weniger als die Hälfte (heute 120 Mann) einsatzfähige Häftlinge." [139]

Deshalb wurden am 20. Februar 1945 weitere 50 arbeitsunfähige Häftlinge zurück nach Mauthausen transportiert. Im Gegenzug kamen am 21. Februar 1945 185 „neue" Häftlinge in St. Aegyd an. Noch am 3. Februar hatte die Bauleitung berichtet:

„Auf die mehrfachen Bitten der Bauleitung um Ergänzung auf den Sollstand wurde von dort mit Schreiben vom 13.1.45 mitgeteilt, dass keine Arbeitskräfte zur Verfügung ständen. Inzwischen soll im KL Mauthausen nach Angabe des Lagerführers, SS-Hauptscharführer Auerswald, infolge Ausbruchs von Fleckfieber vorläufig keine Ersatzmöglichkeit mehr bestehen." [140]

Der zweite größere Rücktransport von St. Aegyd am Neualde nach Mauthausen bestand aus insgesamt 50 Männern. Abermals waren die Hilfsarbeiter (27) gegenüber den Facharbeitern (23) in der Überzahl. Was die Hilfsarbeiter betrifft, stammten abermals fast alle Häftlinge aus Polen (14) und Jugoslawien (11), lediglich zwei stammten aus dem Deutschen Reich. Dass von diesem Transport nach Mauthausen keine Funktionshäftlinge betroffen waren, deutet darauf hin, dass sie unter den herrschenden Bedingungen weniger stark litten als jene Häftlinge, die direkt im Arbeitseinsatz standen. Bei den Facharbeitern war die Gruppe der Maurer mit sieben Häftlingen überproportional, die anderen Berufe in etwa gleich häufig vertreten.

Das durchschnittliche Alter der Häftlinge dieses Transportes war im Vergleich zu jenem vom 8. Januar mit 36 Jahre niedriger. Insgesamt 39 Häftlinge hatten zum Zeitpunkt ihres Rücktransportes bereits das dreißigste Lebensjahr erreicht bzw. überschritten, das sind 78% aller betroffenen Häftlinge. Sieben von ihnen waren sogar schon über 50 Jahre alt, andererseits waren lediglich 11 Häftlinge beim Abtransport nach Mauthausen jünger als 30 Jahre (22%).

Hinsichtlich der Herkunft zeigt die Gruppe der 50 Häftlinge eine ähnliche Struktur wie schon jene des ersten Rücktransportes. Abermals stellten die polnischen Häftlinge mit 60% bzw. 30 Männern die größte

Gruppe der arbeitsunfähigen Häftlinge, gefolgt von den jugoslawischen Häftlingen (22% bzw. 11 Männer) und jenen aus der Sowjetunion (12% bzw. 6 Männer).

Die Nummern der betroffenen 50 Häftlinge deuten darauf hin, dass auch sie erst gegen Ende des Jahres 1944 nach Mauthausen gekommen waren. Während von 28 Häftlingen diesbezüglich keine Daten bekannt sind, kamen von den restlichen 22 Männern wiederum die Mehrheit aus Auschwitz (18), drei aus Groß-Rosen und ein Häftling aus Dachau. Abermals waren es Schutzhäftlinge, die den überwiegenden Anteil der aus St. Aegyd abtransportierten Häftlinge stellten, lediglich sechs Männer waren „RZA-Häftlinge", also russische Zivilarbeiter.

Der Häftlingstransport nach St. Aegyd am Neuwalde vom 21. Februar 1945 [141]

Etwa ein Monat, bevor die SS das Lager in St. Aegyd völlig überstürzt räumte, wurde der Häftlingsstand um 185 Männer erhöht. Wie oben ausgeführt, ersetzten sie jene 141 Häftlinge, die dem Arbeitseinsatz und den schlechten Bedingungen in St. Aegyd nicht mehr gewachsen waren. Vergleicht man diesen zweiten Lagerzugang nun mit dem ersten vom 2. November 1944, so zeigen sich mehrere gravierende Veränderungen, vor allem hinsichtlich der vertretenen Nationalitäten und der Altersverteilung. Die Verteilung zwischen Fach- und Hilfsarbeitern verschob sich bei diesem zweiten Zugangstransport noch deutlicher, über 60% der Männer waren für Hilfsarbeiten vorgesehen, nur noch etwa 38% als Facharbeiter. Erstmals befanden sich unter den Facharbeitern auch qualifiziertere Arbeitskräfte, beispielsweise ein Baumeister und ein Hochbauingenieur. Im Lageraufbau sollte nach der Phase der Basisarbeiten nun offenbar ein Abschnitt mit anspruchsvolleren Tätigkeiten beginnen.

Hatten bisher immer Polen das Gros der Hilfsarbeiter gestellt, so waren es bei diesem Transport erstmals russische (38), italienische (24) und deutsche (16) Häftlinge. Die 15 polnischen Hilfsarbeiter bildeten nur noch die viertgrößte Gruppe. Unter den deutschen Hilfsarbeitern befand sich auch der Wiener Heinz Apenzeller, der nach eigenen Aussagen [142] schon auf der Fahrt von Mauthausen nach St. Aegyd die Bekanntschaft des Rapportführers Anton Perschl machte und später als dessen „Putz" eine fast „brüderliche" Beziehung zu dem SS-Mann aufbaute. Auch die Zeitzeugen Rajmund Pajer und Henryk Czeslaw Bilski kamen mit diesem Transport nach St. Aegyd.

Auffällig an der Altersverteilung ist, dass die Zahl jüngerer Männer stark anstieg. Zwar ging die Zahl der Häftlinge unter 20 Jahren auf rund 6,5% zurück, die Gruppe der 20 bis 30-Jährigen stellte diesmal aber fast die Hälfte (47,02%) des gesamten Transportes. Die zweitstärkste Gruppe waren Männer zwischen 30 und 39 Jahren (28,11%), stark abgenommen hatte hingegen die Zahl der über 40-Jährigen, die nur noch etwa 18% der Häftlinge stellten. Ein Blick auf den Altersdurchschnitt des letzten bekannten Lagerzugangs nach St. Aegyd bestätigt den hier angedeuteten Trend deutlich, denn das durchschnittliche Alter der Häftlinge betrug nur noch 30,7 Jahre, während es bei der Erstbesetzung 36 Jahre betragen hatte.

Im November kam mehr als die Hälfte des Häftlingstransportes aus Polen, im Februar hingegen bildeten die russischen Häftlinge mit 47 Männern die größte Gruppe, gefolgt von Italienern (38), Polen (35) und Häftlingen aus dem Deutschen Reich (24). Die restlichen Männer kamen aus zwölf verschiedenen Nationen – von Finnland im Norden über Frankreich im Westen bis hin zu Griechenland im Süden Europas.

Unter den deutschen Häftlingen befanden sich acht mit Nummern unter 3000, was darauf hindeutet, dass sie bereits zwischen August 1938 und Februar 1942 in Mauthausen in Haft kamen. Unter ihnen waren „BV-Häftlinge", „Asoziale" und auch Schutzhäftlinge. Die überwiegende Mehrzahl der Häftlinge dieses Transportes war erst 1944 nach Mauthausen gekommen und wurde von dort auf die Außenlager aufgeteilt. Von der Mehrheit, konkret von 176 der Häftlinge dieses Transportes, ist bisher nicht dokumentiert, von woher sie nach Mauthausen überstellt wurden. Lediglich von einigen ist bekannt, dass sie in Österreich oft mehreren Nebenlagern zugewiesen worden waren. Während alle bisherigen St. Aegyder Häftlinge direkt vom Hauptlager nach St. Aegyd gekommen waren, kannten die Häftlinge des letzten Zugangstransportes bereits mehrere Mauthausen-Nebenlager, wie etwa Melk, Linz III, Loiblpass, Klagenfurt, Steyr, Gusen oder Eisenerz. Drei oder vier Überstellungen von Lager zu Lager binnen weniger Monate waren Ende 1944 durchaus keine Seltenheit, wie aus den Transportlisten des Archivs der KZ-Gedenkstätte Mauthausen hervorgeht.

Hinsichtlich der Haftgründe blieben zwar auch bei diesem Transport die Schutzhäftlinge mit rund 57,8% klar in der Mehrheit, im Vergleich zum ersten Lagerzugang (82%) ging ihre Zahl aber doch drastisch zurück. Der Rückgang der Schutzhäftlingszahl ist vor allem darauf zurückzufüh-

ren, dass vermehrt russische Zivilarbeiter („RZA-Häftlinge") nach St. Aegyd transferiert wurden. Darüber hinaus kamen auch erstmals jüdische
Häftlinge nach St. Aegyd, sie bildeten 10% des letzten Transportes.

Die Lagerräumung am 1. April 1945

Aufgrund des Kriegsverlaufes und der immer näher rückenden Kampfhandlungen und Luftangriffe durch alliierte Truppen war der Betrieb in
vielen Außenlagern besonders in Ostösterreich in den letzten Wochen
und Monaten des Zweiten Weltkriegs nicht mehr aufrecht zu erhalten.
Deshalb entschloss sich die SS, diese Lager zu aufzulösen und die Häftlinge ins Hauptlager Mauthausen zurückzutransportieren. Auch das Lager St. Aegyd wurde am 1. April 1945 evakuiert und die Häftlinge kamen
zurück nach Mauthausen.

Zum Zeitpunkt der Lagerauflösung hatte sich die Zahl von Hilfs- und
Facharbeitern (54,5% bzw. 41,5%) ein wenig angeglichen. Die einzige
Gruppe, die mit 4% der Gesamthäftlingszahl in etwa gleich stark blieb,
war jene der Funktionshäftlinge.

Der Altersdurchschnitt der Häftlinge betrug bei der Auflösung des Lagers rund 30 Jahre, das ist um sechs Jahre jünger als noch beim ersten Lagerzugang. Die Gruppe der 20- bis 29-jährigen avancierte bis zur Schließung des Lagers zur mit Abstand größten Gruppe, mit 51,5% hatte mehr
als die Hälfte der Häftlinge noch nicht das dreißigste Lebensjahr erreicht.

Häftlinge aus insgesamt 17 verschiedenen Nationen befanden sich am
1. April 1945 im St. Aegyder Außenlager. Nach wie vor bildeten die polnischen Häftlinge die größte Gruppe (24,4%), auch wenn ihre Zahl im
Verhältnis zur Gesamthäftlingszahl aufgrund zahlreicher Todesopfer und
Rücktransporte stark gesunken war. Ähnlich schlecht erging es auch den
jugoslawischen Häftlingen, die aber dennoch die zweitgrößte Gruppe
(22,7%) im Lager bildeten. Der Anteil an deutschen Häftlingen betrug
zum Zeitpunkt der Lagerschließung 15,1%.

Bis zur Auflösung des Lagers blieben die Schutzhäftlinge die größte
Gruppe (60,9%), gefolgt von russischen „RZA-Häftlingen" (21,4%) und
jüdischen Häftlingen (6,4%). An den Häftlingsnummern lässt sich able-
sen, dass vor allem die „erfahrenen" Häftlinge, also jene Häftlinge aus dem
Deutschen Reich, die bereits seit der Anfangsphase in Mauthausen inhaftiert waren, die Zeit in St. Aegyd praktisch unbeschadet überstanden. Ein
weiteres Indiz dafür, dass es Häftlingen aus dem Deutschen Reich in St.
Aegyd durchwegs besser erging als ausländischen Häftlingen. Entschei-

dend dafür, dass die Häftlinge mit Nummern unter 2000 von Arbeitsunfähigkeit und Tod fast völlig verschont blieben, ist aber die Tatsache, dass der Großteil von ihnen als Funktionshäftlinge eingesetzt wurde.

Die Todesopfer des KZ-Außenlagers St. Aegyd am Neuwalde

Ein zentrales Ziel dieser Arbeit war es, die Namen der in St. Aegyd verstorbenen Häftlinge herauszufinden. Dieses Vorhaben wurde durch eine Analyse der Totenbücher[143] des Standortarztes Mauthausen möglich. Diese Bücher befinden sich in den National Archives in College Park, Maryland, in den USA. Mikrofilmkopien liegen im Archiv der KZ-Gedenkstätte Mauthausen vor. Die Bücher beinhalten neben einer laufenden Nummer die Nationalität des Häftlings, seine Häftlingsnummer, den Todesort (Hauptlager oder ein Außenlager), Vor- und Nachnamen, Geburtsdatum, Geburtsort, Todesursache sowie Todesdatum und Todeszeit. Parallel dazu wurden aber auch in St. Aegyd von Lagerschreiber Alois Kubicek Todesmeldungen[144] verfasst. Seine handschriftlichen Aufzeichnungen stimmen zum überwiegenden Teil mit jenen der Totenbücher von Mauthausen überein, beinhalten allerdings keinerlei Hinweis auf die Todesursachen der Häftlinge, was den Schluss zulässt, dass die Todesursachen in Mauthausen nachträglich ergänzt wurden. Die Anzahl der Todesopfer stimmt in den auf einfachen Zetteln vermerkten Todesmeldungen (44) und den Totenbüchern (46) nahezu überein.

Bis zum jetzigen Zeitpunkt konnte die endgültige Zahl der KZ-Opfer von St. Aegyd nicht mit hundertprozentiger Sicherheit geklärt werden. Die im Rahmen dieser Untersuchung erhobene Opferzahl unterscheidet sich ganz wesentlich von früheren Angaben. Auf dem Gedenkstein, welcher auf einem hölzernen Kreuz im St. Aegyder KZ-Friedhof angebracht ist, steht folgende Inschrift zu lesen:

„80 UNBEKANNTE KZ-LER KRIEGSOPFER
1940–1945"[145]

In den Aufzeichnungen des Standesamtes der Gemeinde St. Aegyd findet sich hingegen eine etwas andere Formulierung:

„Die verstorbenen KZ-Häftlinge wurden zwischen dem Pfarrfriedhofe und dem Heldenfriedhofe begraben. Grabstellen wurden nicht bezeichnet. Vermutlich dürfte es sich im ganzen um 60 bis 80 Leichen handeln. Namen oder Angaben sind nicht bekannt geworden."[146]

Eine dritte Quelle, nämlich die Ortschronik von Hans Heppner, geht gar von 80-100 Todesopfern unter den KZ-Häftlingen aus[147]. Die erhobenen Daten aus den Mauthausener Totenbüchern und den handschriftlichen Todesmeldungen Kubiceks ergaben eine Gesamtzahl von 46 Opfern. Nach derzeitigem Forschungsstand ist eine Zahl von 80 Todesopfern nicht nachvollziehbar und weder der Gemeinde St. Aegyd noch den befragten Zeitzeugen erklärlich. Alle bisher angeführten Quellen geben ihre jeweilige Opferzahl im Konjunktiv an. Dies liegt daran, dass tatsächlich nie eine vollständige Exhumierung des KZ-Friedhofes stattfand. Verschiedene Szenarien könnten für die stark divergierenden Opferzahlen eine Erklärung bieten. Die folgenden Szenarien sind rein hypothetisch und momentan durch keinerlei wissenschaftliches Material belegt. Zur Verdeutlichung der methodischen Probleme, die sich im Rahmen der vorliegenden Arbeit ergeben haben, können sie dennoch beitragen.

Szenario 1

Neben der Zahl von 497 Häftlingen[148], die sich aus den Transportlisten des Hauptlagers Mauthausen, des Nebenlagers St. Aegyd und dem Rapportbuch des Konzentrationslagers Mauthausen ergibt, könnte es eventuell zu weiteren Häftlingstransporten gekommen sein, die nicht schriftlich erfasst wurden. Ginge man nun von der Annahme aus, dass auch unter diesen nicht namentlich erfassten Häftlingen eine größere Anzahl an Todesopfern zu beklagen war, so ließe sich dadurch die Zahl von „zirka 80 Opfern" erklären. Im Laufe der Recherchen zu dieser Arbeit haben sich jedoch keine Hinweise auf zusätzliche Transporte ergeben.

Szenario 2

Wie sich Rajmund Pajer erinnert, wurden nicht alle Häftlinge, die in St. Aegyd verstorben sind, auch vor Ort auf dem KZ-Friedhof begraben:

"Of the dead in the St. AEGYD camp during the time it was open the dead were transported in BOXES of 4 bodies per box by truck to be cremated in Mauthausen. About 80 are buried in St. AEGYD."[149]

Sollten tatsächlich rund 80 Häftlinge in St. Aegyd begraben und zusätzlich noch eine nicht näher definierte Zahl weiterer Todesopfer zurück nach Mauthausen transportiert worden sein, so könnte sogar die Schätzung von rund 80–100 Todesopfern, wie sie Heppner geäußert hat, zu niedrig ausgefallen sein.

Szenario 3

Bei der Formulierung des Marmor-Gedenksteins wurden möglicherweise auch verstorbene Zwangsarbeiter miteinbezogen, die bereits ab 1940 in St. Aegyd arbeiteten. Heppner berichtet, dass schon vor Eintreffen der KZ-Häftlinge Arbeiter aus der Ukraine beim Aufbau des Lagers gearbeitet haben. Die Formulierung *„80 UNBEKANNTE KZ-LER KRIEGSOPFER 1940 – 1945"* legt die Vermutung nahe, dass hier die zu beklagenden Todesopfer aus den besagten fünf Jahren addiert wurden, auch wenn das KZ-Lager selbst erst Ende 1944 errichtet wurde.

Szenario 4

Wie der ehemalige Mauthausen-Häftling Hans Maršálek in einem Aktenvermerk angibt, sollen vier Häftlinge nach der überhasteten Schließung des Lagers St. Aegyd am 1. April 1945 auf dem Weg nach Mauthausen umgekommen sein.[150] Da die Geleise zwischen St. Aegyd und Mauthausen nur noch teilweise intakt waren, mussten die Häftlinge große Strecken zu Fuß marschieren. Diese – namentlich leider nicht bekannten – Häftlinge könnten ebenso als St. Aegyder Todesopfer gezählt worden sein wie jene, die kurz nach ihrem Rücktransport in Mauthausen verstarben. Von jenen St. Aegyder Häftlingen, die mit einem der zwei großen Rücktransporte nach Mauthausen zurück geschickt wurden, verstarben bis Kriegsende nachweislich weitere 58. In Summe wären dies also zumindest 104 Todesopfer, die entweder direkt in St. Aegyd ums Leben kamen oder – möglicherweise aufgrund schwerer Erkrankungen oder Verletzungen, die sie sich in diesem Außenlager zugezogen hatten – nur wenig später in Mauthausen verstarben.

„Gib den Opfern einen Namen" [151]

Auch wenn eine endgültige Opferzahl aufgrund der oben ausgeführten Unabwägbarkeiten nicht vorgelegt werden kann, so konnten zumindest die Namen von 46 verstorbenen Häftlingen eruiert werden. Folgende Männer kamen nachweislich zwischen dem 2.11.1944 und dem 1.4.1945 in St. Aegyd am Neuwalde unter großteils ungeklärten Umständen ums Leben:[152]

Marian BRANSKI (105358), polnischer Schutzhäftling, geboren am 2.2.1901 in Warschau, Zivilberuf: Briefträger. Arbeitseinsatz: Hilfsarbeiter. Todesdatum: 31.12.1944. Angebliche Todesursache:

„allgemeiner Körperverfall, Kreislaufschwäche".

Vinzenz CELLBRODT (831), deutscher „BV"-Häftling, geboren am 30.12.1900 in Hindenburg, Zivilberuf: Arbeiter. Arbeitseinsatz: Kapo. Todesdatum: 22.12.1944. Angebliche Todesursache: „auf der Flucht erschossen".

Antoni CHLEBOWSKI (105730), polnischer Schutzhäftling, geboren am 11.6.1915 in Siedzow. Zivilberuf: Fleischer. Arbeitseinsatz: Hilfsarbeiter. Todesdatum: 22.12.1944. Angebliche Todesursache: „allgemeiner Körperverfall, Kreislaufschwäche".

Kazimierz CIECHOWICZ (105379), polnischer Schutzhäftling, geboren am 3.3.1901 in Guzow. Zivilberuf: unbekannt. Arbeitseinsatz: Hilfsarbeiter. Todesdatum: 21.12.1944. Angebliche Todesursache: „allgemeine Sepsis, Phlegmone li. Schenkel".

Adam CWIEKA (105386), polnischer Schutzhäftling, geboren am 30.11.1896 in Krasnik. Zivilberuf: unbekannt. Arbeitseinsatz: Schuster. Todesdatum: 3.12.1944. Angebliche Todesursache: „allgemeiner Körperverfall, Kreislaufschwäche".

Istvan DOSZA (114713), ungarischer Jude, geboren am 10.10.1906 in Budapest. Zivilberuf: unbekannt. Arbeitseinsatz: Tischler. Todesdatum: 27.3.1945. Angebliche Todesursache: „allgemeiner Körperverfall, Kreislaufschwäche".

Alfred FOGEL (100809), polnischer Schutzhäftling, geboren am 14.2.1904 in Warschau. Zivilberuf: unbekannt. Arbeitseinsatz: Tischler. Todesdatum: 14.2.1945. Angebliche Todesursache: „Kreislaufschwäche".

Eugeniusz FURMAN (105443), polnischer Schutzhäftling, geboren am 13.9.1907 in Warschau. Zivilberuf: unbekannt. Arbeitseinsatz: Schneider. Todesdatum: 30.12.1944. Angebliche Todesursache: „allgemeiner Körperverfall, Kreislaufschwäche".

Wojciech GDECZYNSKI (100824), polnischer Schutzhäftling, geboren am 24.4.1889 in Grojec. Zivilberuf: unbekannt. Arbeitseinsatz: Maurer. Todesdatum: 19.11.1944. Angebliche Todesursache: „Grippe, Lungenentzündung, Kreislaufschwäche."

Josef GODLEWSKI (100830), polnischer Schutzhäftling, geboren am 13.12.1901 in Warschau. Zivilberuf: unbekannt. Arbeitseinsatz: Maurer. Todesdatum: 2.3.1945. Angebliche Todesursache: „Freitod durch Erhängen, Unfall".

Stanislaw GORAJEK (100835), polnischer Schutzhäftling, geboren

am 22.12.1913 in Kalisz. Zivilberuf: unbekannt. Arbeitseinsatz:
Tischler. Todesdatum: 13.11.1944. Angebliche Todesursache:
„allgemeine Körperschwäche, Kreislaufschwäche".
Wladyslaw JABORSKI (102792), polnischer Schutzhäftling, geboren
am 1.1.1913 in Powsinek. Zivilberuf: unbekannt. Arbeitseinsatz:
Zimmermann. Todesdatum: 15.12.1944. Angebliche Todesursache:
„allgemeiner Körperverfall, Kreislaufschwäche".
Johann JAUK (104008), deutscher Schutzhäftling, geboren am
7.12.1899 in Ibelbach, Kleintal. Zivilberuf: unbekannt.
Arbeitseinsatz: Kutscher bzw. Hilfsarbeiter. Todesdatum:
19.11.1944. Angebliche Todesursache: „eitr. Dickdarmkatarrh".
Philipp JOVANOVITSCH (106766), jugoslawischer Schutzhäftling,
geboren am 21.7.1902 in Cetinje. Zivilberuf: Dolmetscher.
Arbeitseinsatz: Hilfsarbeiter. Todesdatum: 27.11.1944. Angebliche
Todesursache: „Lungenentzündung".
Antonin JUSCINSKI (105538), polnischer Schutzhäftling, geboren
am 12.6.1893 in Biejkow. Zivilberuf: Setzer. Arbeitseinsatz:
Hilfsarbeiter. Todesdatum: 19.2.1945. Angebliche Todesursache:
„Kreislaufschwäche".
Jan KACPRZAK (105540), polnischer Schutzhäftling, geboren am
14.3.1909 in Zychlin. Zivilberuf: Beamter. Arbeitseinsatz:
Hilfsarbeiter. Todesdatum: 29.12.1944. Angebliche Todesursache:
„allgemeiner Körperverfall, Kreislaufschwäche".
Jan KANIGOWSKI (104492), polnischer Schutzhäftling, geboren am
20.5.1900 in Warschau. Zivilberuf: unbekannt. Arbeitseinsatz:
Maler. Todesdatum: 30.12.1944. Angebliche Todesursache:
„Phlegmone li. U.Schenkel, allg. Sepsis".
Feliks KENDZIORA (101835), polnischer Schutzhäftling, geboren
am 3.8.1889 in Kalenice. Zivilberuf: Lokführer. Arbeitseinsatz:
Maschinenführer. Todesdatum: 22.12.1944. Angebliche
Todesursache: „allgemeiner Körperverfall, Kreislaufschwäche".
Wladyslaw KULESZYNSKI (104648), polnischer Schutzhäftling,
geboren am 29.7.1907 in Warschau. Zivilberuf: Zimmermaler.
Arbeitseinsatz: Maler. Todesdatum: 9.12.1944. Angebliche
Todesursache: „Lungenentzündung".
Milija LASAROVIC (106811), jugoslawischer Schutzhäftling, geboren
am 10.4.1901 in Ostroznica. Zivilberuf: Bauer. Arbeitseinsatz:
Hilfsarbeiter. Todesdatum: 28.12.1944. Todesursache unbekannt.

Edmond LOUVIAU (99703), belgischer Schutzhäftling, geboren am 8.9.1915 in Harinnes. Zivilberuf: Lokführer. Arbeitseinsatz: Maschinenführer. Todesdatum: 26.12.1944. Angebliche Todesursache: „Phlegmone li. Arm, allg. Sepsis".

Andrzej MALITEK (105685), polnischer Schutzhäftling, geboren am 30.11.1902 in Wolka Weglowa. Zivilberuf: Landarbeiter. Arbeitseinsatz: Hilfsarbeiter. Todesdatum: 23.12.1944. Angebliche Todesursache: „Kreislaufschwäche".

Adam MIKOLAJCZYK (105708), polnischer Schutzhäftling, geboren am 16.8.1894 in Warschau. Zivilberuf: unbekannt. Arbeitseinsatz: Hilfsarbeiter. Todesdatum: 1.2.1945. Angebliche Todesursache: „Kreislaufschwäche".

Antonio MUCCIACIO (106881), italienischer Schutzhäftling, geboren am 17.6.1915 in Colledorto. Zivilberuf: Landarbeiter. Arbeitseinsatz: Hilfsarbeiter. Todesdatum: 7.1.1945. Angebliche Todesursache: „allgemeiner Körperverfall, Kreislaufschwäche".

Iwan NIESTJERENKO (107598), russischer Zivilarbeiter, geboren im März 1916 in Kiew. Zivilberuf: Chauffeur. Arbeitseinsatz: Hilfsarbeiter. Todesdatum: 29.3.1945. Angebliche Todesursache: „akute Herzschwäche, Collaps".

Antonije NIKODIJEVIC (106893), polnischer Schutzhäftling, geboren am 1.5.1905 in Mladenovac. Zivilberuf: Beamter. Arbeitseinsatz: Hilfsarbeiter. Todesdatum: 27.11.1944. Angebliche Todesursache: „Grippe – Schizophrenie, Kreislaufschwäche".

Jozef PALGAN (105758), polnischer Schutzhäftling, geboren am 19.3.1922 in Warschau. Zivilberuf: Gärtner. Arbeitseinsatz: Hilfsarbeiter. Todesdatum: 11.2.1945. Angebliche Todesursache: „allgemeine Herzschwäche, Gehirnerschütterung".

Kazimierz PETRYKOWSKI (105766), polnischer Schutzhäftling, geboren am 27.7.1889 in Chynowska Wola. Zivilberuf: Bauer. Arbeitseinsatz: Hilfsarbeiter. Todesdatum: 20.12.1944. Angebliche Todesursache: „Kreislaufschwäche".

Wladyslaw PIOTROWSKI (105775), polnischer Schutzhäftling, geboren am 24.6.1897 in Warschau. Zivilberuf: unbekannt. Arbeitseinsatz: Hilfsarbeiter. Todesdatum: 3.1.1945. Angebliche Todesursache: „allgemeiner Körperverfall, Kreislaufschwäche".

Wladyslaw SADOMSKI (101224), polnischer Schutzhäftling, geboren am 16.6.1891 in Warschau. Zivilberuf: Kaufmann. Arbeitseinsatz:

Hilfsarbeiter. Todesdatum: 11.11.1944. Angebliche Todesursache: „allgemeine Körperschwäche, Kreislaufschwäche".

Radivoje SARIC (106982), jugoslawischer Schutzhäftling, geboren 1907 in Tucia. Zivilberuf: unbekannt. Arbeitseinsatz: Hilfsarbeiter. Todesdatum: 3.1.1945. Angebliche Todesursache: „Phlegmone li. U.Arm, allg. Sepsis".

Milorad SMILJANIC (106999), jugoslawischer Schutzhäftling, geboren am 31.1.1925 in Petotic. Zivilberuf: Bauer. Arbeitseinsatz: Hilfsarbeiter. Todesdatum: 18.11.944. Todesursache unbekannt.

Roman SZACHEWICZ (105860), polnischer Schutzhäftling, geboren am 24.11.1890 in Kozieminy Stare. Zivilberuf: unbekannt. Arbeitseinsatz: Hilfsarbeiter. Todesdatum: 13.11.1944. Angebliche Todesursache: „Herzmuskelentzündung, allgemeine Körperschwäche".

Leon SZKOPIAREK (101315), polnischer Schutzhäftling, geboren am 24.4.1911 in Skolimow. Zivilberuf: unbekannt. Arbeitseinsatz: Maurer. Todesdatum: 22.11.1944. Angebliche Todesursache: „allgemeiner Körperverfall, Kreislaufschwäche".

Stefan SZWEDZINSKI (105876), polnischer Schutzhäftling, geboren am 19.2.1904 in Warschau. Zivilberuf: Maschinenschlosser. Arbeitseinsatz: Schlosser. Todesdatum: 26.12.1944. Angebliche Todesursache: „Grippe, Kreislaufschwäche".

Amedeo TAMUSSIN (115742), italienischer Schutzhäftling, geboren am 24.8.1925 in Collina. Zivilberuf: unbekannt. Arbeitseinsatz: Tischler. Todesdatum: 30.3.1945. Angebliche Todesursache: „allgemeiner Körperverfall, Kreislaufschwäche".

Miloje TERSIC (107044), jugoslawischer Schutzhäftling, geboren am 11.11.1895 in Losovic. Zivilberuf: Eisenbahner. Arbeitseinsatz: Hilfsarbeiter. Todesdatum: 5.1.1945. Angebliche Todesursache: „Lungenentzündung".

Franciszek TUSZYNSKI (105914), polnischer Schutzhäftling, geboren am 25.10.1895 in Klewatka. Zivilberuf: Schriftsetzer. Arbeitseinsatz: Hilfsarbeiter. Todesdatum: 21.11.1944. Angebliche Todesursache: „allgemeiner Körperverfall, Kreislaufschwäche".

Dragutin VUKAMANOVIC (107081), jugoslawischer Schutzhäftling, geboren am 1.5.1900 in Belgrad. Zivilberuf: Baubeamter. Arbeitseinsatz: Hilfsarbeiter. Todesdatum: 26.11.1944. Angebliche Todesursache: „akute Herzschwäche, Collaps".

Andrzej WARDACH (101388), polnischer Schutzhäftling, geboren am 11.11.1905 in Aleksandrow. Zivilberuf: Landwirt. Arbeitseinsatz: Hilfsarbeiter. Todesdatum: 23.11.1944. Angebliche Todesursache: „Herzmuskelentzündung, allgemeine Herzschwäche".
Anton WIECZOREK (107088), polnischer Schutzhäftling, geboren am 6.10.1903 in Favianowo. Zivilberuf: unbekannt. Arbeitseinsatz: Hilfsarbeiter. Todesdatum: 2.12.1944. Angebliche Todesursache: „Collaps, allgemeine Herzschwäche".
Roman WISNIEWSKI (101421), polnischer Schutzhäftling, geboren am 3.8. 1915 in Warschau. Zivilberuf: Bäcker. Arbeitseinsatz: Hilfsarbeiter. Todesdatum: 18.2.1945. Angebliche Todesursache: „akute Herzschwäche".
Bronislaw WOJCIK (101436), polnischer Schutzhäftling, geboren am 2.6.1909 in Wolka. Zivilberuf: Betonmeister. Arbeitseinsatz: Betonarbeiter. Todesdatum: 13.12.1944. Angebliche Todesursache: „allgemeiner Körperverfall, Kreislaufschwäche".
Wladyslaw ZDUNIK (105960), polnischer Schutzhäftling, geboren am 7.6.1907 in Warschau. Zivilberuf: technischer Installateur. Arbeitseinsatz: Installateur. Todesdatum: 23.12.1944. Angebliche Todesursache: „allgemeiner Körperverfall, Kreislaufschwäche".
Leonard ZEBROWSKI (105961), polnischer Schutzhäftling, geboren am 13.4.1908 in Truskaw. Zivilberuf: Bauer. Arbeitseinsatz: Hilfsarbeiter. Todesdatum: 23.12.1944. Angebliche Todesursache: „allgemeiner Körperverfall, Kreislaufschwäche".
Michal ZIETARSKI (96450), polnischer Schutzhäftling, geboren am 7.7.1903 in Krasniewice. Zivilberuf: unbekannt. Arbeitseinsatz: Stellmacher. Todesdatum: 24.12.1944. Angebliche Todesursache: „allgemeiner Körperverfall, Kreislaufschwäche".

Während mit Vinzenz Cellbrodt lediglich ein Kapo in den fünf Monaten des Bestehens des Lagers St. Aegyd am Neuwalde ums Leben kam, starben in diesem Zeitraum insgesamt 27 Hilfsarbeiter. 17 von ihnen kamen aus Polen, sieben aus Jugoslawien und je einer aus der Sowjetunion, Italien und dem Deutschen Reich. Auch die 18 verstorbenen Facharbeiter stammten zum überwiegenden Teil aus Polen (15), ums Leben kamen außerdem ein ungarischer, ein belgischer und ein italienischer Facharbeiter.

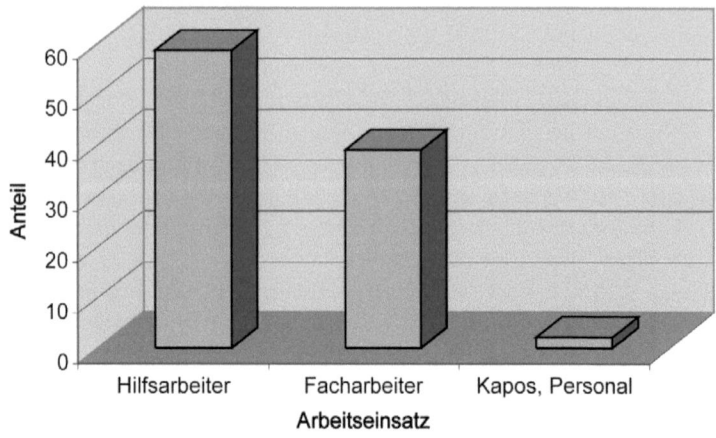

Abb. 8: Verteilung der St. Aegyder KZ-Opfer nach Arbeitseinsatz.[153]

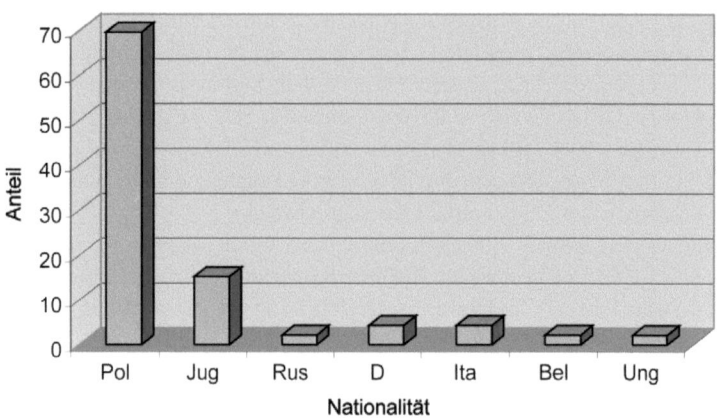

Abb. 9: Verteilung der St. Aegyder KZ-Opfer nach Nationalität.

Besonders auffällig ist der hohe Altersdurchschnitt unter den 46 Todesopfern, der nahezu 40 Jahre betrug (39,85 Jahre) und damit signifikant höher ist als jener der Lagerzugangstransporte (34 bzw. 31 Jahre) und geringfügig höher als jener der beiden Rücktransporte (38 bzw. 36 Jahre). Während lediglich ein Häftling zum Zeitpunkt seines Todes noch unter 20 Jahre alt war, hatten nicht weniger als 40 Häftlinge bereits das 30. Lebensjahr erreicht, acht von ihnen waren zum Zeitpunkt ihres Ablebens bereits über 50 Jahre alt. Wie diese vorläufige Opferliste zeigt, kamen mehr als zwei Drittel (69,57%) der verstorbenen Häftlinge aus Polen. Dieser Anteil ist besonders auffällig, auch wenn die polnischen Häftlinge im Lager mit rund 40 Prozent die mit Abstand größte Gruppe bildeten. Sieben jugoslawische Männer mussten in St. Aegyd ebenfalls ihr Leben lassen, sie waren damit die zweitgrößte Opfergruppe. Ihr Anteil an den Todesopfern entspricht mit rund 15% in etwa jenem an der Häftlingsgesamtzahl. Zwei deutsche und zwei italienische Männer starben ebenfalls in St. Aegyd, je ein Todesopfer stammte aus Ungarn, Belgien und der Sowjetunion. Bei dem einzigen verstorbenen russischen Häftling handelte es sich um den aus Kiew stammenden Iwan Niesterjenko, dessen Tod auf einem eigens angefertigten Lagerplan vermerkt wurde.[154]

Insgesamt 43 der 46 Opfer waren Schutzhäftlinge, lediglich ein „BVer", ein Jude und ein „RZA-Häftling" kamen ums Leben. Die Häftlingsnummern zeigen, dass mit Ausnahme des Kapos Vinzenz Cellbrodt alle Todesopfer erst im Jahr 1944 nach Mauthausen kamen. Von 26 Todesopfern ist nicht bekannt, von wo sie nach Mauthausen überstellt wurden, 18 polnische Todesopfer kamen am 22. September 1944 aus dem KZ Auschwitz, zwei Polen am 20. September 1944 aus Groß-Rosen. Auffällig

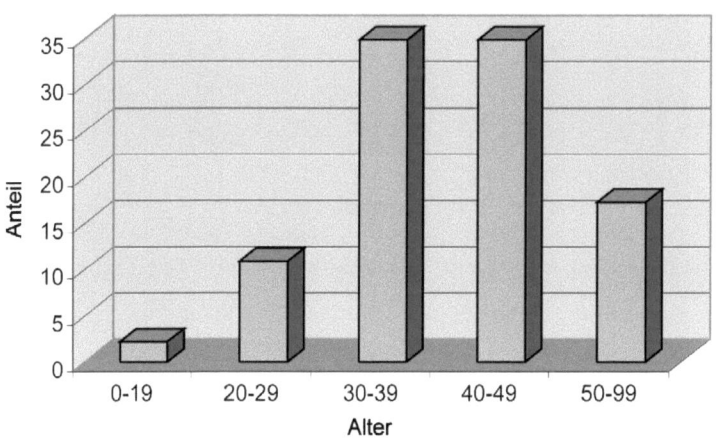

Abb. 10: Verteilung der St. Aegyder KZ-Opfer nach Alter.

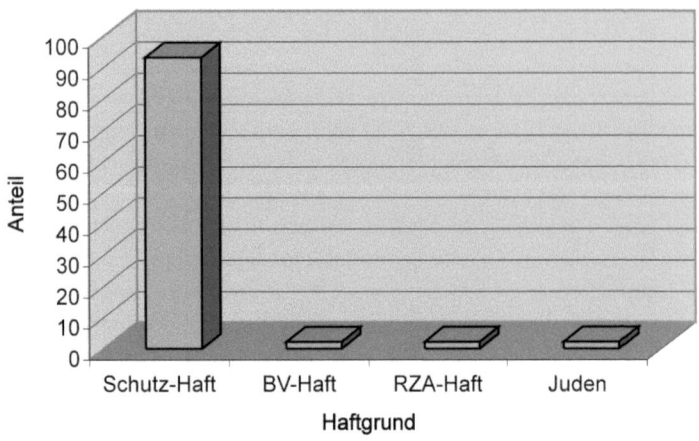

Abb. 11: Verteilung der St. Aegyder KZ-Opfer nach Haftgrund.

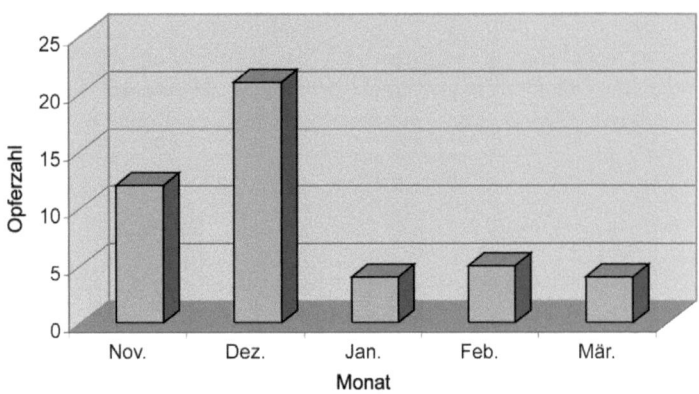

Abb. 12: Verteilung der St. Aegyder KZ-Opfer nach Todesmonat.

ist, dass von den 46 namentlich bekannten St. Aegyder Opfern 43 bereits mit dem ersten Transport im November 1944 das Lager erreichten. Allein im November (12) und Dezember (21) 1944 starben 33 Häftlinge, in den Monaten Januar (4), Februar (5) und März (4) 1945 ging die Zahl der Todesopfer zurück.

Viele Häftlinge starben zudem kurz nach ihrer Rücküberstellung nach Mauthausen im gefürchteten Sanitätslager an den Folgen der harten Arbeitsbedingungen und Misshandlungen, denen sie in St. Aegyd ausgesetzt waren. Die genaue Zahl derjenigen im Lager St. Aegyd inhaftierten Personen, die nach ihrer Rücküberstellung in Mauthausen bzw. Gusen verstarben, ist derzeit nicht bekannt. Eine aktuelle Auswertung der im Archiv der KZ-Gedenkstätte Mauthausen in Arbeit befindlichen Häftlingsdatenbanken ergibt eine Mindestzahl von 130. Addiert man dazu die 46 in St. Aegyd verstorbenen Häftlinge, so ergibt sich, dass insgesamt mindestens 36% der St. Aegyder Häftlingspopulation noch vor der Befreiung zu Tode kamen.[155]

Häftlingsgruppen im KZ-Außenlager St. Aegyd am Neuwalde

Die Analyse der Lagerzugänge, Rücktransporte und Todesopfer lässt zusammenfassend folgende Schlüsse zu:

• Die größte Häftlingsgruppe in St. Aegyd bildeten polnische Schutzhäftlinge. Sie wurden großteils als Hilfsarbeiter eingesetzt und hatten unter Arbeitseinsatz, Häftlingsbehandlung durch die SS und Kapos sowie den widrigen äußeren Bedingungen mit Abstand am stärksten zu leiden. Sie waren besonders häufig von Arbeitsunfähigkeit betroffen und stellten mit insgesamt 32 Männern die größte Gruppe der Todesopfer in St. Aegyd am Neuwalde.

• Es waren in St. Aegyd mehrheitlich ältere Häftlinge, die unter den katastrophalen Verhältnissen zu leiden hatten. Sie wurden wesentlich häufiger aufgrund von Arbeitsunfähigkeit zurück nach Mauthausen geschickt als jüngere Häftlinge. Auch der Altersdurchschnitt unter den Todesopfern ist im Verhältnis zu jenem der Gesamthäftlingszahl deutlich höher.

• Häftlinge aus dem Deutschen Reich bzw. Volksdeutsche wurden großteils als Kapos eingesetzt und erfuhren im Großen und Ganzen eine bessere Behandlung als die nicht-deutschen Inhaftierten. Deshalb waren sie deutlich seltener von Arbeitsunfähigkeit und Tod betroffen.

• Der Großteil der St. Aegyder Häftlinge war vor seiner Überstellung nach Mauthausen bereits in anderen Lagern, wie beispielsweise Auschwitz, Dachau oder Groß-Rosen inhaftiert. Lediglich die in St. Aegyd als Kapos eingesetzten Häftlinge aus dem Deutschen Reich befanden sich schon seit der Anfangsphase in Mauthausen. Bei ihnen handelte es sich überwiegend um „kriminelle Häftlinge" mit grünem Winkel.

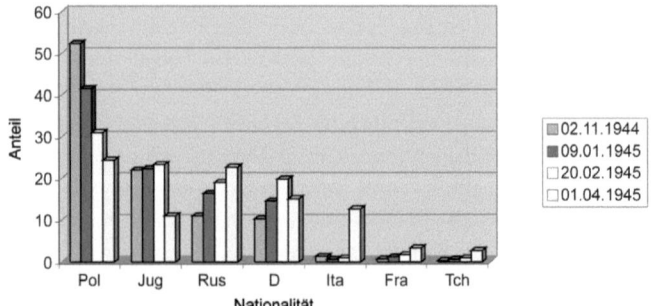

Abb. 13: Grafik – Verteilung der St. Aegyder KZ-Häftlinge nach Nationalität.

Anm.: Die restlichen St. Aegyder Häftlinge stammten aus Albanien, Belgien, Estland, Finnland, Griechenland, Kroatien, Lettland, Litauen, Luxemburg, Slowenien und Ungarn.

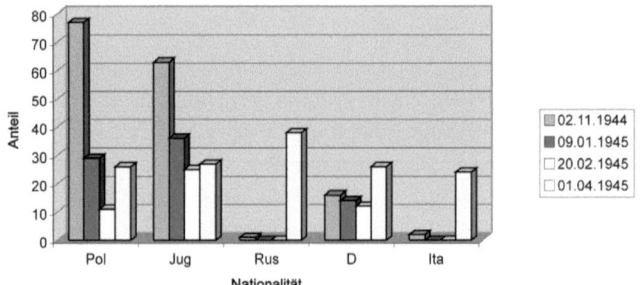

Abb. 14: Grafik – Verteilung der St. Aegyder KZ-Hilfsarbeiter nach Nationalität. Anm. wie oben.

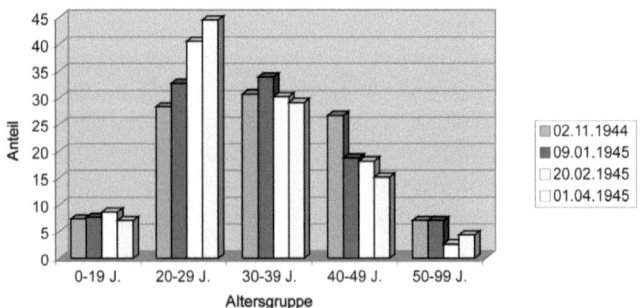

Abb. 15: Verteilung der St. Aegyder KZ-Häftlinge nach Alter.

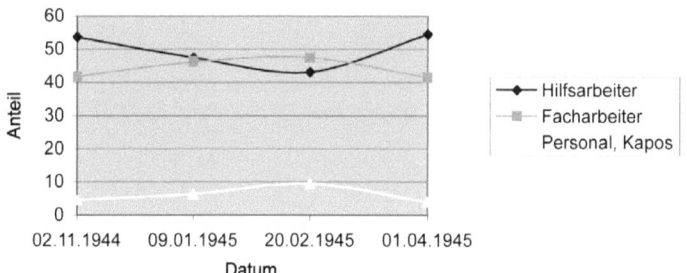

Abb. 16: Verteilung der St. Aegyder KZ-Häftlinge nach Arbeitseinsatz.

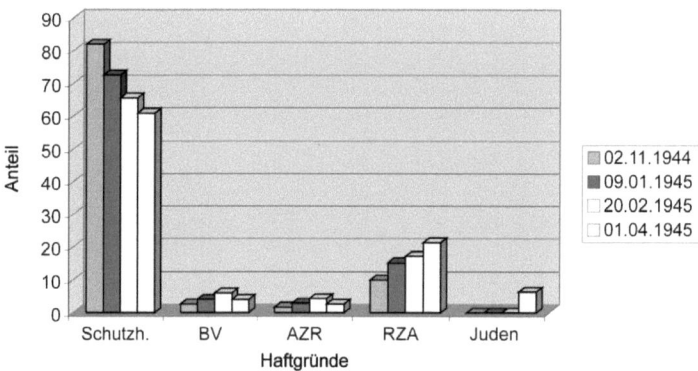

Abb. 17: Grafik – Verteilung der St. Aegyder KZ-Häftlinge nach Haftgrund.
Anm.: Die restlichen 3,6% verteilen sich auf die Haftgründe „SV", „Zigeuner", „SU Kgf.".
Von einigen Häftlingen ist kein Haftgrund bekannt.

• Die Häftlinge in St. Aegyd waren zum überwiegenden Teil politische Schutzhäftlinge. Lediglich eine kleine Minderheit bildeten die AZR- und BV-Häftlinge. Die zweitgrößte Gruppe waren russische Zivilarbeiter, ab Februar stellten jüdische Häftlinge ebenfalls einen größeren Teil der Häftlinge.

VI. STERBEN IM KZ-AUSSENLAGER ST. AEGYD

Todesursachen

Der überwiegende Teil jener Häftlinge, die in St. Aegyd den Tod fanden, wurden auf dem örtlichen Friedhof in einem Massengrab in unmittelbarer Nähe des katholischen Friedhofes ohne Zeremonie und Sarg von Rapportführer Perschl und einem Häftlingskommando begraben.[156] Die Toten wurden in Papiersäcke gehüllt.[157]

„Die ausgegrabenen Skelette befanden sich in einer Tiefe zwischen 60 bis 70 cm und 1 m bis 1.20 m. Sie waren nicht in irgend einer Ordnung eingegraben, sondern lagen in verschiedenen Richtungen teils neben, teils übereinander.“[158]

Vom überwiegenden Teil der umgekommenen Häftlinge ist nur jene Todesursache bekannt, die im Totenbuch des KZ Mauthausen[159] angegeben ist. Dort finden sich als Todesursachen großteils allgemeine Formulierungen wie „allgemeiner Körperverfall, Kreislaufschwäche“. Nur selten wurden konkrete Krankheiten wie „Lungenentzündung“ oder „akute Herzschwäche“ angegeben. Insgesamt 25 Mal steht im Totenbuch „allgemeiner Körperverfall“, „Kreislaufschwäche“ oder „allgemeine Körperschwäche“ zu lesen. Als weitere Todesursachen wurden „Grippe“, „akute Herzschwäche“ oder „Phlegmone“ angegeben. Bei zwei Häftlingen konnte die Todesursache bisher nicht eruiert werden, da deren Namen nicht im Totenbuch aufscheinen, zwei Fälle stellen so genannte „unnatürliche Todesfälle“. Dass die im Totenbuch angegebenen Todesursachen tatsächlich der Realität entsprachen, ist fraglich. In Wahrheit dürften oft ganz andere Umstände die Häftlinge das Leben gekostet haben. Die Erinnerungen der im Rahmen dieser Arbeit befragten Zeitzeugen lassen den Schluss zu, dass eine wesentlich größere Zahl von Häftlingen durch den direkten oder indirekten Einfluss von Lagerkapos oder SS-Personal den Tod fand, als im Totenbuch verzeichnet wurde.

„Unnatürliche Todesfälle"

Die näheren Umstände des Todes werden in den meisten Fällen wohl für immer ungeklärt bleiben. Die wenigen Informationen, die noch nicht in Vergessenheit geraten sind, beispielsweise aufgrund der beiden Volksgerichtsprozesse gegen Anton Perschl oder der Informationen von Henryk Czeslaw Bilski, geben aber einen Einblick in die schrecklichen Verhältnisse, die im Lager St. Aegyd herrschten. Das Schicksal von drei Häftlingen soll stellvertretend für die nicht bekannten Todesumstände von Dutzenden ihrer Mithäftlinge genauer untersucht werden. Vinzenz Cellbrodt und Josef Godlewski sind die einzigen beiden Häftlinge, deren Todesursachen – abgesehen von den generell unglaubwürdigen Ablebensgründen – im Totenbuch auffällig erscheinen, zumal es sich bei beiden nicht um „natürliche Todesfälle" handelte. Das Ableben von Iwan Niesterjenko scheint zwar laut Totenbuch nicht besonders auffällig, dennoch spricht viel dafür, dass der einzige Russe unter den Opfern keines natürlichen Todes starb.

Der Todesfall Vinzenz Cellbrodt

Der Reichsdeutsche Vinzenz Cellbrodt wurde am 31. Dezember 1910 in Hindenburg geboren und als „BV DR" mit der Häftlingsnummer 831 bereits mit dem ersten Transport im November 1944 nach St. Aegyd gebracht und als Kapo eingesetzt.[160] Seine niedrige Häftlingsnummer lässt darauf schließen, dass Cellbrodt schon ab den ersten Jahren nach Kriegsbeginn in Mauthausen inhaftiert war. Cellbrodt wurde laut dem Mauthausener Totenbuch am 22. Dezember 1944 *„Auf der Flucht erschossen"*. Daran hegten allerdings einige der ehemaligen Häftlinge von St. Aegyd Zweifel. Sie glaubten vielmehr, dass Cellbrodt von Rapportführer Anton Perschl vorsätzlich ermordet worden sei und brachten den Fall 1947 in Wien zur Anzeige. Neben Mord warfen sie Perschl außerdem vor, Häftlinge misshandelt und seine Mitgliedschaft bei SA, SS und NSDAP nicht gemeldet zu haben. So kam es 1951 zum ersten von zwei Volksgerichtsprozessen gegen Anton Perschl.[161] Gleich zu Beginn des ersten Prozesses wurde der Vorwurf des Mordes „ausgeschieden" und ab 1952 in einem eigenen Verfahren am Landesgericht für Strafsachen in Wien verhandelt.[162]

Im Rahmen dieses Mordprozesses kamen zahlreiche ehemalige Häftlinge zu Wort. Unter ihnen der Lagerschreiber Alois Kubicek sowie die Kapos Karl Kreitner und Kurt Koczwara. Vernommen wurden darüber hinaus auch der SS-Wachmann Kurt Frey und der Angeklagte Anton Perschl selbst. Zum Todesfall „N. Vinzenz" – der volle Name des Opfers wurde nicht nachrecherchiert, Cellbrodt war aber der einzige St. Aegyder Häftling mit dem Vornamen Vinzenz – gingen die Meinungen der Befragten weit auseinander. Der Angeklagte Anton Perschl leugnete zwar

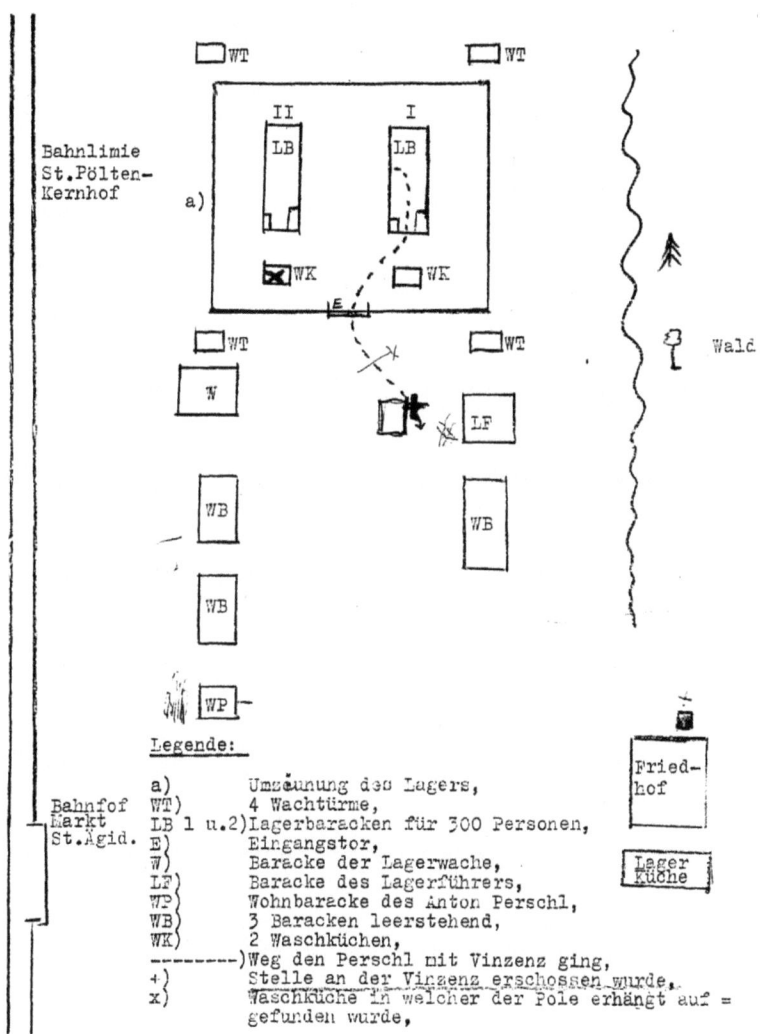

Abb. 18: Nicht maßstabsgetreue Planskizze des Außenlagers St. Aegyd, nach Angaben von Rapportführer Anton Perschl.

nicht, Cellbrodt erschossen zu haben, jedoch gibt er an, dies nicht vorsätzlich getan zu haben. Als Cellbrodt im Schutzhaftlager zu später Stunde in betrunkenem Zustand zu randalieren begann, habe er ihn lediglich dem Lagerführer vorführen wollen.[163] Auf dem Weg zur Lagerführer-Baracke habe ihm der Kapo einen Stoß versetzt und einen Fluchtversuch unternommen. Daraufhin habe er ihn zweimal dazu aufgefordert, stehen zu bleiben und erst nach Ausbleiben einer Reaktion auf dem Boden liegend auf den Flüchtenden geschossen. Er habe den Kapo aber nicht ermorden wollen. Dieser Version der „unabsichtlichen Tötung" widersprachen die dazu befragten Häftlinge. Küchenkapo Karl Kreitner beispielsweise unterstellt Perschl Absicht, habe er sich doch nach der Tat öffentlich im Lager gebrüstet, Cellbrodt *„sei schon auf den ersten Schuss dagelegen."*[164] Auch der Lagerschreiber Alois Kubicek äußerte in seiner Aussage Zweifel an der Version von Rapportführer Perschl:

„Was mir gleich damals aufgefallen ist, da der Capo ausserhalb der Postenkette erschossen wurde, nämlich, der Capo konnte sich auch ausserhalb der Postenkette bewegen, dazu hatte er die Erlaubnis und ich vermutete damals schon, dass er in der Nacht herausgelockt wurde, weil er in geschäflichen Beziehungen mit dem Rapportführer stand und wahrscheinlich diesem unangenehm werden konnte."[165]

Am Morgen nach der Ermordung von Vinzenz Cellbrodt wollte Alois Kubicek den Lagerführer Willi Auerswald von dem Vorfall in Kenntnis setzen. Dieser wusste aber offenbar bereits Bescheid und ordnete dem Lagerschreiber an, in den Häftlingslisten als Todesursache „Auf der Flucht erschossen" zu vermerken. Auf Kubiceks Drängen, unverzüglich den in solchen Fällen vorgeschriebenen Bericht an das Hauptlager zu verfassen, habe Auerswald entgegnet, dass dies noch einige Tage Zeit hätte. Erst nach mehrmaliger Intervention habe der Lagerführer den Bericht schließlich verfasst und nach Mauthausen gesandt, woraufhin von dort eine Untersuchung angeordnet und drei bis vier Wochen später eine Kommission gesandt worden sei.[166] Wer dieser SS-Kommission angehörte, war keinem der Zeugen erinnerlich, übereinstimmend gaben aber alle Seiten zu Protokoll, dass die Kommission den Leichnam von Vinzenz Cellbrodt exhumierte und untersuchte. Außerdem wurden Anton Perschl und die zum Zeitpunkt der Tat Dienst habenden SS-Wachmänner einvernommen. Über konkrete Folgen dieser Untersuchung ist nichts bekannt, Perschl durfte laut eigenen Angaben seinen Dienst weiter versehen:[167]

„Ich wurde niederschriftlich einvernommen zu dem Vorfall und versah weiterhin Dienst in Schwebe, doch ging mittlerweile der Krieg zu Ende und so war auch dieser Vorfall mit Kriegsschluß zu Ende."[168]

Eine dritte Version der Tat gab der SS-Wachmann Kurt Frey zu Protokoll und unterstützte bzw. verteidigte damit indirekt die Aussage von Anton Perschl. Vinzenz, so der SS-Unterscharführer, habe einen Mordanschlag auf den Lagerführer Auerswald geplant und Perschl habe lediglich dessen Durchführung verhindern wollen.[169]

„Wie ich zurückgekommen bin vom Urlaub, musste ich mich beim Lagerführer zurückmelden und dabei hat dieser einen roten Körper gezeigt, der wie ein Sprengkörper ausgesehen hat und hat mir erzählt, es sei ein Anschlag auf ihm [sic] geplant gewesen."[170]

In einer ergänzenden Aussage beschrieb Frey diesen Sprengkörper als *„zylindrischen Metallkörper, der einer italienischen Handgranate ähnlich gesehen hat."*[171]

Letztlich schenkte das Gericht der Version von Anton Perschl Glauben und sprach ihn im Zweifel von der Anklage des Mordes frei, auch wenn *„das Verhalten des Angeklagten in Bezug auf N. Vinzenz keineswegs völlig geklärt erscheint, und der Verdacht einer Liquidierung des N. Vinzenz weiterhin besteht, musste das Gericht dennoch mangels eindeutiger Beweisergebnisse im Zweifel für den Angeklagten entscheiden und diesen nach § 259 Ziffer 3 StPO. freisprechen."*[172]

Näher begründet wurde der Freispruch mit dem Argument, dass die Leiche des „Gewohnheitsverbrechers" Vinzenz Cellbrodt trotz zweimaliger Grabungen im Auftrag des Volksgerichtes Wien am KZ-Friedhof nicht gefunden worden sei. Auch habe sich Perschl mit seiner Aussage *„Vinzenz sei bereits beim ersten Schuss dagelegen"*[173] nicht brüsten wollen, sondern eine bloße Feststellung gemacht.

Das gefällte Urteil des Volksgerichtes ist äußerst fragwürdig. Denn obwohl alle befragten Zeugen, die SS-Kollegen von Anton Perschl eingeschlossen, die Möglichkeit einer unabsichtlichen Tötung von Vinzenz Cellbrodt klar verneinten, wurde vom Gericht der Version des Beschuldigten Recht gegeben. Dass Perschl tatsächlich mit seinem Revolver aus etwa 20 Metern Entfernung den in die Dunkelheit flüchtenden Kapo Cellbrodt exakt in den Hinterkopf getroffen haben will, klingt zwar sehr unglaubwürdig, wurde vom Gericht aber dennoch als die wahrscheinlichste Version akzeptiert.

Der Todesfall Josef Godlewski

Besondere Brisanz birgt der Todesfall des Polen Josef Godlewski, geboren am 13. Dezember 1901 in Warschau. Ebenso wie der Tod von Cellbrodt beschäftigte sein Ableben das Wiener Volksgericht. Konkret ging es um die Frage, ob Rapportführer Perschl am Tode des Polen direkt beteiligt war, was von Küchenkapo Karl Kreitner behauptet wurde. Im Prozess war allerdings von einem namentlich nicht bekannten polnischen Häftling die Rede. Da es laut Mauthausener Totenbuch nur einen Fall von „Tod durch Erhängen" in St. Aegyd gab, nämlich jenen von Josef Godlewski am 2. März 1945, ist davon auszugehen, dass es sich bei den diesbezüglichen Aussagen der Zeugen im ersten Volksgerichtsprozess um ihn handelt. Alle Aussagen stimmen darin überein, dass Godlewski während eines Arbeitseinsatzes einen Fluchtversuch unternommen hatte und später wieder „eingefangen" worden war.[174] Fraglich ist allerdings, was danach mit dem Polen geschehen ist. Hatte sich Godlewski tatsächlich erhängt und falls ja, tat er dies aus freien Stücken? Die Zeugenaussagen sind im Fall Godlewski derart unterschiedlich, dass sich nicht nachvollziehen lässt, unter welchen Umständen er letztlich umkam. Der damalige Küchenkapo Karl Kreitner gab zu Protokoll:

„Dass dieser Pole sich selbst erhängt hätte, ist mir nicht bekannt, meines Wissens ist er an Lungenentzündung gestorben da er bei 23 Grad Kälte mit kaltem Wasser begossen wurde. Ich bin selbst vorbei gegangen und habe gesehen, wie Mithäftlinge den Polen mit Wasser begossen haben. Ich sah Perschl zusehen, wie der Pole mit Wasser begossen wurde und musste dieser wissen, dass dies tödliche Folgen hat."[175]

Glaubt man wiederum der Aussage des SS-Wachmannes Kurt Frey, so hat Godlewski nach einem missglückten Fluchtversuch in St. Aegyd der Rücktransport in die Steinbrüche Mauthausens gedroht. Deshalb habe man ihm, so die Formulierung von Frey, *„die Gelegenheit gegeben, sich selbst zu töten"*.[176] Diese Meinung teilt auch Anton Perschl und beschuldigt Lagerführer Willi Auerswald, Godlewski den Selbstmord nahe gelegt zu haben. Der Wiener Ludwig Koczwara, ebenfalls Kapo in St. Aegyd, machte den Lagerältesten für den Tod Godlewskis verantwortlich.[177] Auch Henryk Czeslaw Bilski erinnert sich an einen Häftling, welcher in St. Aegyd erhängt wurde. Dieser habe einen Fluchtversuch in den Wald unternommen und sei nach zwei oder drei Tagen von einer Frau entdeckt worden, die sofort die Gendarmerie verständigt habe. Der Häftling sei daraufhin zurück ins Lager gebracht und auf dem Appellplatz brutal ge-

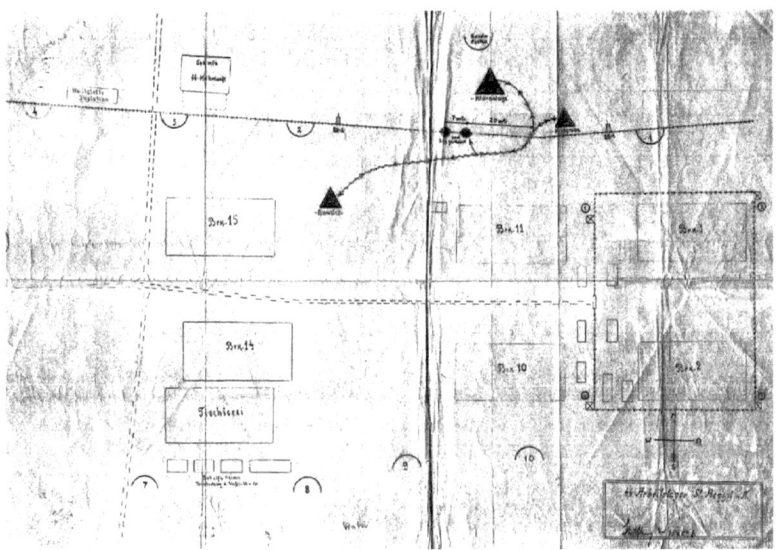

Abb. 19: Nicht maßstabsgetreue Planskizze eines unbekannten Verfassers.

schlagen worden. Anschließend, so Bilski, „*haben sie dem [sic] gehängt*".[178] Da der Tod von Josef Godlewski in jene Zeit fiel, in der Bilski bereits in St. Aegyd inhaftiert war, liegt die Vermutung nahe, dass es sich bei dem von ihm geschilderten Todesfall um eben diesen 44-jährigen polnischen Häftling gehandelt hat. Allerdings muss einschränkend festgehalten werden, dass es sich bei diesem Opfer laut Bilski um einen russischen Häftling gehandelt haben soll.

Der Todesfall Iwan Niesterjenko

Ein von Hand gezeichneter Plan[179], welcher im Archiv der Gemeinde St. Aegyd jahrelang unentdeckt lag, wurde offenbar erst in den letzten Tagen des Lagers St. Aegyd angefertigt. Er dokumentiert das Ableben eines Häftlings, der sich vor den Zug geworfen hatte. Auf besagtem Plan ist die Häftlingsnummer von Iwan Niesterjenko vermerkt. Der Russe trug die Mauthausener Häftlingsnummer 107598 und verstarb laut offizieller Todesmeldung am 29. März 1945.[180] Als Todesursache wird „*akute Herzschwäche, Collaps*" angegeben.

Der vorliegende Plan ist ein klares Indiz dafür, dass die im Mauthausener Totenbuch vermerkten Todesursachen vielfach frei erfunden waren und in Wahrheit meist ganz andere Umstände zum Tod der Häftlinge führten. Denn der handschriftlichen Skizze ist zu entnehmen, dass Niesterjenko „vom Zug gerädert" wurde. Küchenkapo Karl Kreitner erinnert sich:

> „*Es war z.B. ein russischer Häftling im Lager, dieser war ziemlich groß. Dieser Häftling hat sich dann unter die Lokomotive geworfen und wurden ihm beide Beine abgeführt.*"[181]

Henryk Czeslaw Bilski nennt sogar ein exaktes Datum, an dem sich dieser Vorfall ereignet haben soll:

> „*Mittwoch 26. März – Selbstmord eines Russen /zaristischen/ durch den Sprung unter den vorbeifahrenden Zug. Es wurden ihm 2 Beine in der Kniehöhe abgeschnitten und er stirbt in wenigen Stunden wegen Verblutung.*"[182]

Darüber hinaus berichtet Bilski, dass der Zivilberuf dieses Russen Taxifahrer gewesen sei,[183] ein weiteres Indiz dafür, dass es sich um Iwan Niesterjenko gehandelt hat, der im Zivilberuf Chauffeur gewesen war. Darüber hinaus stimmt auch das Todesdatum beinahe überein, denn das Ableben von Niesterjenko wurde im Totenbuch Mauthausen mit 29. März 1945 angegeben.[184] Durch seine politische Einstellung hatte sich Niesterjenko, den Bilski als „weißen Russen" bezeichnete weil er nach der Revolution 1917 das Land verlassen hatte, unter den anderen Russen im Lager Feinde gemacht:

> „*[…] und die russischen Mitgefangenen haben sie dem gedroht. Wenn wir einmal befreit werden, haben sie gesagt, durch Russen dann wir werden mit euch weiße Russen abrechnen. Und der ist wie der Zug gefahren ist von St. Aegyd – der ging nach Richtung Kernhof – hat Gelegenheit ausgenützt und ist unter dem [sic] Zug gesprungen. Es wurden ihm zwei Beine abgeschnitten und er ist gestorben.*"[185]

VII. LEBENSBEDINGUNGEN IM KZ-AUSSENLAGER ST. AEGYD

Alltag im Lager

"The working day was about 13 hours after work the prisoners were not allowed walking around the camp. We stayed in our bunk beds."[186]
Der Alltag im Konzentrationslager St. Aegyd war für die meisten Häftlinge von Arbeit, Hunger und Todesangst bestimmt. Bereits bei Sonnenaufgang begann die schwere Arbeit, zuvor mussten alle Häftlinge auf dem Appellplatz vor Rapportführer Anton Perschl antreten, wurden durchgezählt und ihren Arbeitskommandos zugewiesen. Schon alleine der Arbeitseinsatz verlangte den Häftlingen alles ab, hinzu kam noch die ständige Gefahr, der Sabotage bezichtigt zu werden oder den Kapos auf eine andere Art und Weise negativ aufzufallen. Jeder noch so kleine Fehler konnte für die Häftlinge verheerende Konsequenzen haben. Anton Perschl spielte die Situation in St. Aegyd vor dem Volksgericht herunter und gab zu Protokoll:
„Bei uns im Lager sind nicht allzu viele Häftlinge gestorben. Es ist vorgekommen, dass einmal in einer Woche zwei Häftlinge gestorben sind, dann wieder mehrere Wochen keiner und dann wieder einmal einer. Wir haben keine Seuchen gehabt, sie sind an Krankheiten gestorben."[187]
Es besteht allerdings kein Zweifel, dass Misshandlungen, Arbeitseinsatz, Hunger und feuchtkalte Witterung vor allem im November und Dezember 1944 viele Häftlinge das Leben kostete. Zu allem Überfluss sorgte die SS mit unnötigen Schikanen für zusätzliches Leid. Franz Hölzl berichtete, dass die Häftlinge zu Weihnachten 1944 einen Christbaum im Lager aufstellen mussten. Während es der Bevölkerung verboten war, unnötig Strom zu verbrauchen, hätten die Lichter des Schutzhaftlagers hell über dem Dorf geleuchtet. Eine unglaubliche Ironie, wie dem St. Aegyder damals sofort bewusst gewesen sei. Da die Inhaftierten an den Feiertagen nicht bei ihren gewohnten Arbeitsstellen eingesetzt wurden, hat sie die SS immer wieder mit *„alten Scheibtruhen mit einem gewöhnlichen Rad"*[188] wie Vieh durch den Ort getrieben.

Lagerordnung

Im Lager St. Aegyd galten, wie auch in den anderen Außenlagern des Mauthausen-Komplexes, besondere Vorschriften hinsichtlich der Häftlingsbehandlung. Benahmen sich die Häftlinge „ungehörig", so musste die SS zunächst die Häftlingsnummer feststellen und nach Beendigung des Arbeitseinsatzes dem Lagerführer Bericht erstatten. Weder Sabotage noch Diebstähle oder ähnliche Vergehen hätten theoretisch an Ort und Stelle bestraft werden dürfen, wie auch der Rapport- und Arbeitsdienstführer Perschl einräumt:

„Ich musste solche Verstösse dem Lagerführer melden und wurden die Leute dann vom Lagerführer bestraft. Es hat bei uns keine Bunker oder Korrektionszellen gegeben sondern wurden die Leute zur Aufrechterhaltung der Lagerordnung eben gezüchtigt." [189]

Gleichzeitig gibt Perschl aber zu, selbst des Öfteren die Häftlinge an Ort und Stelle bestraft zu haben. Diese Ohrfeigen, Fußtritte oder Stockschläge seien, so Perschl, eine Geste der Menschlichkeit gewesen. Hätte er jedes Vergehen sofort dem Lagerführer gemeldet, wären für die Häftlinge wesentlich schlimmere Strafen die Folge gewesen. Auch Lagerführer Willi Auerswald ordnete als Bestrafung unter anderem Stockschläge an, wozu der zu Bestrafende über den so genannten „Bock" gespannt wurde. Bei „besonders schlimmen Vergehen" wurden die Häftlinge zurück nach Mauthausen geschickt, wo sie in die Strafkompanie im Steinbruch „Wiener Graben" kamen.

Auch die besondere Rolle der Kapos darf nicht außer Acht gelassen werden. Durch das Delegieren der unmittelbaren Häftlingsbewachung an die „Kameradschaftspolizei", sowohl innerhalb des Stacheldrahtbereiches als auch beim Arbeitseinsatz, wurden die Kapos von der SS zu Komplizen gemacht. Während es der SS laut Lagerordnung nicht erlaubt war, die Häftlinge an Ort und Stelle zu züchtigen, übernahmen viele der kriminellen Kapos diese Aufgabe mit Vorliebe. Durch ihre Sonderstellung innerhalb des Schutzhaftlagers konnten sie ohne Einschränkung ihre Macht ausüben. Die SS wiederum vermied es so, sich selbst „die Hände schmutzig zu machen".

„Häftlingsselbstverwaltung"

Die Zeugenaussagen in den Prozessen gegen Anton Perschl sowie die Erinnerungen der ehemaligen Häftlinge und St. Aegyder Zeitzeugen deuten darauf hin, dass innerhalb des Schutzhaftlagers verschiedene Häftlingsgruppen bestanden, die sich alles andere als wohl gesonnen waren. Die Devise innerhalb des Stacheldrahtes lautete *„Fressen und gefressen werden"*. [190]

"The relations between the prisoners of various nationalities was never too friendly, in the concentration camp system the life was DOG eat DOG. Of-

ten a prisoner would take a piece of bread from a feeble companion and then laugh at his face."[191]

Macht im Lager: die Kapos

Machtpositionen innerhalb der lagerinternen Häftlingshierarchie waren ausschließlich den deutschsprachigen Häftlingen vorbehalten, die überwiegend als Kapos tätig waren. In ihrer Funktion als „verlängerter Arm" der Waffen-SS innerhalb des Stacheldrahtbereiches ließen viele dieser „Häftlingsfunktionäre" kaum eine Gelegenheit aus, die restlichen Häftlinge ihre Machtposition spüren zu lassen. Wie mehrere Augenzeugenberichte und auch Erinnerungen ehemaliger Häftlinge bestätigen, verhielten sich die Kapos meist noch brutaler den anderen, großteils ausländischen, Häftlingen gegenüber als es die SS-Wachmannschaften taten.

"The torturing of the prisoners was done only by the KAPOS. Just for the SADISTIC pleasure. They were mentally DERANGED individuals. The "SS" only gave orders they did not come near us because we were SCHEISSE, DRECK and infected with LICE!"[192]

Besonders brutal gegenüber seinen Mithäftlingen verhielt sich der Lagerälteste von St. Aegyd. Häftlinge nichtdeutscher Herkunft standen im Zentrum seiner Misshandlungen. Rajmund Pajer erinnert sich, dass dieser Häftling *„Toni der Lahme"* genannt wurde.[193] Da es in St. Aegyd lediglich einen Kapo mit dem Vornamen Anton gab, liegt die Vermutung nahe, dass es sich dabei um den Lagerältesten gehandelt haben muss. Darüber hinaus hatte der „BV-Häftling" Anton Hornacek, der am 25. 5. 1900 in Rabensburg geboren wurde, die Häftlingsnummer 200 – die niedrigste aller St. Aegyder Häftlinge. Er dürfte vermutlich schon seit der Frühzeit in Mauthausen inhaftiert gewesen sein. An das Verhalten von Hornacek den anderen Häftlingen gegenüber kann sich Pajer noch lebhaft erinnern:

"His favourite tool was a wooden club to be used to hit the prisoners anywhere! Back, legs, head and arms if you tried to protect your head."[194]

Die Aufgabe des Lagerältesten innerhalb des Lagers war es, für Ruhe und Ordnung zu sorgen. Dabei kam es der SS durchaus gelegen, dass dieser offenbar keinerlei Skrupel hatte, seine Machtposition mit brutaler Gewalt zu demonstrieren. Unterstützt wurde er dabei von den beiden Blockältesten. So gab etwa Küchenkapo Karl Kreitner, laut eigenen Angaben selbst ein Blockältester, vor dem Volksgericht Wien zu Protokoll:

„Der Angekl. [Anm.: Perschl] hatte in der Nacht im Lager nichts zu suchen, denn wenn etwas war, so war es Sache des Lagerältesten und der Block-

ältesten das zu regeln. Hinaus konnten die Häftlinge nicht, da ja rund ums Lager Wachtposten waren."[195]

Neben dem Lagerältesten Anton Hornacek fungierten Karl Kreitner und Ludwig Koczwara als Blockälteste. Über die beiden „BV-Häftlinge" sind keinerlei Berichte hinsichtlich etwaiger Häftlingsmisshandlungen bekannt. Zwei weitere Kapos sind hingegen in der Erinnerung von Rajmund Pajer wegen ihrer Unmenschlichkeit und Brutalität noch immer sehr lebendig:

"'MAX' was work going boss on the construction site he was using the GUMMI on the ITALIAN prisoners more than on any other prisoners. And he would use insults of all kind in several languages he would call the ITALIANS either 'MACARONI' or 'BADOGLIO'. DRECK, SCHEISSE."[196]

Laut den vorhandenen Transportlisten gab es in St. Aegyd zwei Häftlinge mit dem Vornamen Max. Es lässt sich also nicht mit letzter Sicherheit sagen, wen Pajer hier konkret anspricht. Die Vermutung liegt aber nahe, dass es sich um den Wiener Max Funkenstein gehandelt hat, denn dieser war laut Perschl in St. Aegyd als Arbeitskommandoführer tätig. Er führte jenes Kommando an, in dem sich Josef Godlewski zum Zeitpunkt seines Fluchtversuches befand. Zur Strafe für die Flucht des Polen sollte Perschl in seiner Funktion als Rapportführer (nach eigenen Angaben auf Anweisung des Lagerführers Auerswald) Funkenstein 30 Hiebe mit dem „Ochsenziemer" verabreichen. Sowohl Perschl selbst als auch der Wiener Überlebende Heinz Apenzeller[197] gaben jedoch vor dem Volksgericht Wien zu Protokoll, dass er diese Strafe nicht vollstreckte, sondern auf den Tisch hieb, anstelle Funkenstein zu schlagen. Der Wiener wird auch im Zusammenhang mit den Perschl-Volksgerichtsakten mehrfach erwähnt, konnte allerdings selbst nicht mehr vor Gericht erscheinen, da er am 4. August 1950 verstorben war.[198]

Ein weiterer Kapo, der unter den Häftlingen Schrecken verbreitete, war Robert, ebenfalls ein Blockältester:

"The KAPO ROBERT his favorite thing was to kick the prisoners in the shinbone. You can imagine how bad it was for the prisoner with very skinny legs. [...] In civilian life the rumor was that he was a COBBLER. In camp ST. AEGYD he had a sexual partner ... you could hear the noise coming from his corner. One thing is sure his partner had always plenty to EAT! And no WORK."[199]

Es war durchaus keine Seltenheit, dass sich Häftlinge in besonderen Machtpositionen der sexuellen Dienste anderer Inhaftierter bedienten.

Der Blockälteste Karl Kreitner berichtete beispielsweise über den ermordeten Kapo Vinzenz Cellbrodt:

„Vinzenz hatte, wie im Lager allgemein bekannt war, einen jungen Häftling zur Befriedigung seiner Geschlechtstriebe und handelte es sich dabei um keinen Einzelfall." [200]

Wie schon in den Kapiteln über die Häftlingsstruktur im Detail ausgeführt, waren die eingesetzten Kapos überwiegend „BV-Häftlinge", die den grünen Winkel trugen und meist aus dem Gebiet des Deutschen Reiches stammten. Eine Ausnahme bildete ein polnischer Kapo mit rotem Winkel:

"The POLISH KAPO was a PATHETIC figure, he would swear at the prisoners by calling them PIERDOLONY, SKURVISINY. Any Time a 'SS'-man was near enough to hear. This was to INGRATIATE himself to the 'SS'." [201]

Die Kapos fungierten nicht nur als Lager- oder Blockälteste, sondern hatten noch verschiedene andere Aufgaben der täglichen Organisation zu erfüllen. Max Funkenstein war als Arbeitskommandoführer tätig und hatte in dieser Funktion dafür zu sorgen, dass die Häftlinge des jeweiligen Arbeitskommandos unermüdlich arbeiteten, falls nötig auch mit Stockschlägen. [202] Auf die Frage, wie man den ständigen Schlägen und Misshandlungen entkommen konnte, antwortete Rajmund Pajer:

"The only tactic to escape the beating of the KAPOS was work in silence and NEVER TO LOOK them in THE EYES. And if you did they perceived it as a CHALLENGE." [203]

Ohnmacht im Lager – ausländische Häftlinge

Den Kapos gegenüber standen die ausländischen Häftlinge, die zwar quantitativ in der Mehrheit waren, deren Einfluss innerhalb des Lagers aber extrem gering war. Sie hatten kaum eine Chance, den Misshandlungen der Kapos zu entkommen, denn selbst wenn sie sich gegen deren Stockschläge aktiv gewehrt hätten, wären sofort SS-Männer zur Stelle gewesen. Es hing von vielen verschiedenen Faktoren ab, wie oft oder wie brutal ein Häftling misshandelt wurde. Rajmund Pajer ist der Meinung, dass sich im KZ-Außenlager St. Aegyd vor allem die Faktoren Herkunft und Bildungsstand auf das Schicksal im Konzentrationslager positiv oder negativ auswirkten:

"The FRENCH and ITALIANS were the ones from mostly urban background not suited for harsh manual labour. And of course POLISH and RUSSIAN PEASENTS did endure better the harsh condition. There was

no honour amongst the various ethnic groups. THE more educated the person the more the apparent suffering, PHYSICAL and MENTAL often leading to suicide." [204]

Dieser Ansicht schließt sich auch Piero Caleffi an, selbst für einige Wochen Häftling in St. Aegyd:

„Die Unkenntnis der deutschen Sprache hinderte uns auch insbesondere in der ersten Zeit, die Befehle zu verstehen, die man uns gab. Das aber reichte schon hin, damit der Capo den Knüppel oder die Faust in Anwendung brachte oder einen einfach der Sabotage beschuldigte." [205]

Einem der Sabotage bezichtigten Häftling drohte als Strafe im schlimmsten Fall der Tod durch Erhängen.[206] Vor allem die italienischen Häftlinge waren im Lager in einer besonders schwierigen Situation, zumal ihnen gleich von mehreren Seiten mit Misstrauen begegnet wurde:

„Wir Italiener, ein Grüppchen von ungefähr 20 politischen Häftlingen, fast alle Angehörige der freien Berufe und Studenten, waren Gegenstand der besonderen Aufmerksamkeit der Capos. ‚Makkaroni', ‚Badoglio', ‚italienisches Schwein', das waren die Namen, die man uns gab. Wir waren in St. Aegyd, wie übrigens auch in allen anderen Lagern, Gegenstand des Hasses und der allgemeinen Verachtung. Nicht nur die Deutschen, die SS und die deutschen Häftlinge verachteten uns, da wir für sie Verräter waren, auch die Franzosen haßten uns, weil wir immer noch zu dem Volke gehörten, welches ihnen, wie sie sagten, ‚den Dolchstoß in den Rücken' versetzt hatte; die Russen verachteten uns, weil die Italiener zusammen mit den Deutschen in ihr Land eingebrochen waren, ohne auch nur die freche Ausrede der Notwendigkeit des ‚Lebensraumes' zu haben. Die Polen haßten uns, weil die Faschisten mit den Deutschen verbündet waren." [207]

Caleffi schränkt aber ein, dass die italienische Gruppe zumindest von den anderen politischen Widerstandskämpfern respektiert wurde. Besonders gehässig den italienischen Häftlingen gegenüber verhielt sich der bereits erwähnte Kapo Max:

"KAPO MAX had a particular hate for the ITALIANS and constantly threatening with public hanging and by saying YOU WILL PASS THROUGH THE CHIMNEY. When he spoke he had the looks of a dog, sick with RABIES, FOAMING AT THE MOUTH." [208]

Wie sich Rajmund Pajer zusammenfassend erinnert, waren es vor allem die erwähnten Kapos Max, Robert und „Toni der Lahme", welche für die brutalste „Häftlingsbehandlung" in St. Aegyd verantwortlich waren. Ihre verschiedenen Praktiken der Misshandlung vergleicht Pajer nüchtern:

"This group of KAPOS did all of the beatings mostly with the GUMMI with LEAD (PB) in the lower part of the rubber hoping to inflict the most damage. A hit from the GUMMI was worse than a hit from wooden club. A GUMMI would leave a blood clot across your back, and that would have meant the end. A hit with a club was less dangerous. I got hit on the head several times with scars to prove. And I am still here! More than 60 years later." [209]

Korruption und Kooperation

Die Kapos standen der SS meist näher als ihren Mithäftlingen aus dem Ausland. Dies spiegelte sich in St. Aegyd beispielsweise im Kontakt der Häftlinge zur Außenwelt oder im Hinblick auf die Nahrungsmittelsituation wider. Bei genauerer Betrachtung der Lagerrealität lassen sich drei Gruppen unterscheiden. Am unteren Ende der Hierarchie standen die ausländischen Häftlinge, die Kapos bildeten die „Oberschicht" innerhalb des Schutzhaftlagers. Die dritte Gruppe waren die SS-Wachleute mit ihren Vorgesetzten.

Besonders unbarmherzig war das Los jener ausländischen Häftlinge, die krank wurden. Wer zur Arbeit nicht mehr fähig war, wurde von den Arbeitsdienstführern der Sabotage bezichtigt. Die Situation der Arbeitsunfähigen beschreibt Piero Caleffi so:

„Die Schwachen, die Kranken, die Erschöpften fanden keine Gnade, weder vor der SS noch vor den Capos noch vor ihren eigenen Arbeitskameraden. Der Arbeitsunfähige war wie eine Art Pestkranker betrachtet, den die Capos so schnell wie möglich zu beseitigen hatten und den seine Arbeitskameraden fliehen mußten, um nicht angesteckt zu werden." [210]

Kapos und Schreibern blieb ein solches Schicksal erspart. Sie hatten wichtige Positionen innerhalb der Lagerverwaltung inne und nicht zuletzt deshalb eine wesentlich bessere Stellung als die „normalen" Häftlinge. Zugute kam den Kapos überdies, dass sie fast ausschließlich aus dem deutschsprachigen Raum kamen und deshalb mit den SS-Wachmannschaften und der Lagerführung gut kommunizieren konnten. Der ehemalige SS-Wachmann Kurt Frey hielt die Kapos sogar noch für wesentlich mächtiger als vielfach angenommen wurde:

„Auch wir von der Lagerwache haben nach Möglichkeit getrachtet uns mit den Kapos auf guten Fuss zu stellen, da wir mit Rücksicht auf unsere mangelhafte Bewaffnung nicht in der Lage gewesen wären, einen ernsthaften Ausbruchsversuch einer grösseren Anzahl von Häftlingen entgegenzutreten." [211]

Neben dem Sicherheitsfaktor spielte den Kapos auch die Möglichkeit in die Hände, sich im Rahmen des Arbeitseinsatzes Nahrungsmittel zu besorgen. Mehrere Zeugen gaben vor dem Volksgericht an, dass sich die Häftlinge von den umliegenden Bauern Most in größeren Mengen beschaffen konnten. Während einige Kapos zumindest begrenzten Kontakt zur Außenwelt hatten,[212] war es den ausländischen Häftlingen strengstens verboten, mit der örtlichen Bevölkerung in Kontakt zu treten. Über das Prozedere beim Mostholen gab Anton Perschl zu Protokoll:

„Den Most hatten sich die Häftlinge bereits am Tage von Bauern beschafft. Sie arbeiteten dort in einem beim Lager befindlichen Steinbruch und das Mittagessen wurde in einer Milchkanne per Bahn zugeführt. Die leere Milchkanne benützten die Häftlinge für den Most.“[213]

Diese Praxis habe Perschl laut eigenen Angaben geduldet, da auch die SS-Wachen Most von den Häftlingen bekamen. Eine besondere Rolle hinsichtlich der Nahrungsbeschaffung kam dem Küchenkapo Karl Kreitner zu. Er hatte durch seine Position in der Lagerküche die Möglichkeit, immer wieder Nahrungsmittel beiseite zu schaffen. Diese habe er aber nicht nur für sich selbst genommen, sondern auch Perschl und der gesamten SS zukommen lassen:

„Es hat die ganze SS und darunter auch der Angekl. bei mir in der Küche gegessen. Er hat jeden Tag sein Fleisch gehabt und hat nicht gefragt, von wo ich es hernehme.“[214]

Anton Perschl *„war Wiener und verhielt sich den Wienern unter den Häftlingen gegenüber im allgemeinen menschlich. So vermittelte er für manche unter uns Paket- und Briefverkehr mit Angehörigen.“[215]* Gleichzeitig ist sich Ludwig Koczwara sicher, dass Perschl dies nicht aus selbstlosen Motiven tat, sondern *„sich manches davon abgezweigt“* habe.[216] Auch Lagerschreiber Alois Kubicek erinnert sich, dass Perschl ihm einst erlaubt hatte, mit Verwandten zu sprechen. Darüber hinaus habe er ihm zu Weihnachten ein Essenspaket ins Lager geschmuggelt.[217] Perschl habe sogar Kubiceks Schwester zu einem Besuch nach St. Aegyd gebracht, ohne dafür eine Gegenleistung zu verlangen. Auch innerhalb des Lagers betrieb Perschl laut Karl Kreitner regen Handel:

„Es ist richtig, dass Perschl alle möglichen Geschäfte getätigt hat unter anderen [sic] auch mit Sachen, die von verstorbenen Mithäftlingen stammten, und die die Häftlinge aus Mauthausen mitbrachten.“[218]

Dass sein Rapportführer „zweifelhafte Geschäfte“ betrieb, war auch SS-Wachmann Kurt Frey bekannt. So habe Perschl stets *„über größere Geld-*

summen verfügt, welche er nicht auf normalem Wege haben konnte."[219] Dass er sich an den Lebensmittel- und Kleidungspaketen der Häftlinge bereichert hätte, stritt Perschl in seinen Aussagen allerdings ab. Er habe die Pakete von Wiener Häftlingen ungeöffnet und mit großem persönlichem Risiko an die Adressaten weitergegeben. Er habe sich nie Gedanken darüber gemacht, dass unter Umständen auch Waffen in den Paketen hätten sein können.[220] Was Briefe und Pakete für die anderen Häftlinge betraf, so habe der Lagerführer Auerswald diese zuerst erhalten und dann an die Häftlinge verteilt.

Vor allem die Gruppe der Kapos konnte sich demnach recht gut mit SS-Wachmannschaften und der Lagerführung arrangieren. Im Gegenzug für etwas bessere Ernährung, leichtere bzw. keine körperliche Arbeit und der Möglichkeit, hie und da ein Paket von zu Hause zu erhalten, waren die Kapos zu Vielem bereit – oftmals allerdings nicht nur wegen der durch die SS dafür gewährten Vorteile, sondern aus bloßem „*Sadismus*".[221] Wie auch in anderen Lagern suchte die SS vor allem solche Häftlinge für die Kapo-Rolle aus, die im Lageralltag vor nichts zurückschreckten und auf materielle Gegengeschäfte meist ohne besondere Skrupel eingingen. Dass diese Rolle der Kapos als „Handlanger" der SS naturgemäß den Unmut und Hass der anderen Häftlinge im Lager heraufbeschwor, blieb zunächst ohne ernsthafte Konsequenzen. Die Kapos wussten sich unter dem Schutz der SS und waren im Lager unantastbar. In den letzten Kriegstagen rächten sich allerdings die Grausamkeiten der Kapos und viele von ihnen bezahlten ihr unmenschliches Vorgehen im Lager mit dem Leben, wie beispielsweise der Lagerälteste von St. Aegyd, Anton Hornacek – „der Lahme".

Ernährungs- und Bekleidungssituation

„*Im KZ-Lager Mauthausen war die Ernährung sehr notdürftig. Im Quarantänelager hat jeder Gefangene ungefähr ein Viertel Brot pro Tag und ungefähr dreiviertel Liter Suppe bekommen. In guten Zeiten war das eine Trockengemüsesuppe mit Kartoffeln, manchmal ein Stückchen Fleisch. Zweimal in der Woche hat man eine Zuteilung Margarine bekommen, ungefähr 50 bis 60 Gramm.*"[222]

Hunger war für die Häftlinge auch in St. Aegyd ein ständiger Begleiter. Henryk Czeslaw Bilski erinnerte sich, dass es ein halbes Kilo Brot pro Tag gegeben habe. Außerdem einen Liter Suppe aus Trockengemüse, worin man „*von Zeit zu Zeit auch ein Stück Fleisch finden konnte*"[223], ein Stück

Blutwurst und Margarine. Je nachdem, bei welchem Arbeitseinsatz die Häftlinge tätig waren, aßen sie entweder direkt im Lager oder an ihrer Arbeitsstelle. Zubereitet wurde das Essen stets direkt vor Ort. Die Gemüsesuppe war laut Pajer *„brown in colour",*[224] das Brot habe nach Sägemehl geschmeckt.

„Aber muss man sagen, das war nicht ausreichend für diese geleistete Arbeit, aber es war doch ziemlich gut. Jeder wollte auf dieses Kommando kommen."[225]

Bei Schnee und Kälte bis zu 20 Grad Minus hätte der Körper bei weitem mehr Nahrung gebraucht als vorhanden war. Deshalb galt es für die Häftlinge stets, zusätzliche Nahrung zu organisieren. Wie schon zuvor ausgeführt konnten die Kapos, die überdies vom harten Arbeitseinsatz nicht betroffen waren, auf die Unterstützung der SS und des Küchenkapos Kreitner hoffen. So berichtet etwa Lagerschreiber Alois Kubicek, dass Kreitner hie und da ein Stückchen Fleisch oder Margarine ins Lager geschmuggelt habe, um es mit seinen Kameraden zu teilen.[226]

Während Häftlinge mit guten Beziehungen zu den Kapos hin und wieder in den Genuss zusätzlicher Nahrungsmittel kamen, blieb der überwiegenden Mehrheit der Häftlinge diese Chance verwehrt. Sie waren darauf angewiesen, sich ihre Rationen gut einzuteilen und auf Hilfe von außen zu hoffen. Tatsächlich ließen einige Male Einwohner von St. Aegyd den abgemagerten Häftlingen Nahrung zukommen. Franz Hölzl erinnert sich, dass er und einige seiner Schulkameraden hin und wieder versucht hätten, den Häftlingen gekochte Kartoffeln zukommen zu lassen. Er selbst habe dies allerdings nur ein einziges Mal gemacht, da sich zwei Männer sofort um die ungeschälten Kartoffeln gerauft hätten.[227] Auch Rosa Mantai, die im Zuge ihrer Dienstverpflichtung in der Küche des von der SS beschlagnahmten Karitashauses aushelfen musste, hat nach eigenen Angaben mehrfach versucht, die Häftlinge mit zusätzlicher Nahrung zu versorgen:

„Ich habe die Gelegenheit ausgenützt und im Holzschuppen, wo die KZ-ler Holz gemacht haben, Essen unter einem Holzstoß versteckt. Das habe ich eben einige Male gemacht, bis mich einmal jemand erwischt hat, das war ein höherer SS-Mann. Der hat gesagt ‚ich lass es ihnen durchgehen, aber bitte machen sie das ja nicht mehr'. Ich hab es aber trotzdem wieder versucht und ein paar Mal ist es mir auch noch gelungen."[228]

Für die Zulieferung der Nahrungsmittel war die kraftfahrtechnische Lehranstalt in Wien verantwortlich, die sich allerdings kaum um ihre

Zweigstelle in St. Aegyd kümmerte. Darum kam es laut Lagerführer Auerswald immer wieder zu erheblichen Engpässen:

"At St. Aegyd, the commanding officer under whom I worked was tough. He belonged to the staff of the KTL (Kraftfahrzeuge Technische Lehranstalt [sic]). He took absolutely no care of his people. Furthermore, the KTL, the Technical Academy for Motor Vehicles, which was responsible for supplying us with foodstuffs, let us down. They quit supplying us the food they were supposed to." [229]

Neben schlechter Ernährung war auch spärliche Bekleidung für die Häftlinge ein erhebliches Problem. Insbesondere in St. Aegyd, wo Minustemperaturen bis zu 20 Grad Celsius keine Seltenheit waren,[230] reichte das dünne, gestreifte Leinengewand nicht aus, um die Kälte abzuhalten. Neben einer dünnen Jacke und Hose besaßen die Inhaftierten einen Arbeitsmantel und ein Käppchen. An den Füßen trugen sie *„Holzplatten mit einem Leinen darüber".*[231] Diese unzureichende Schuhkonstruktion wirkte sich für die Häftlinge doppelt negativ aus. Einerseits waren die Füße, vor allem die Zehen, kaum gegen die große Kälte geschützt, andererseits waren diese Holzschuhe überhaupt nicht für längere Märsche zu gebrauchen:

"Most of the suffering was sore and bloody feet because of the wooden CLOGS. [...] My problem was partially frozen feet! The insteps and the Big Toes." [232]

Manche Häftlinge – meist Kapos – hatten sehr wohl festes Schuhwerk zur Verfügung, welches naturgemäß begehrt war. Küchenkapo Kreitner beispielsweise hat laut eigenen Angaben Gummistiefel besessen.[233] Neben besserem Schuhwerk hatten die Kapos auch etwas festere und wärmere Kleidung zur Verfügung und litten deshalb nicht ganz so stark unter den winterlichen Bedingungen.

Medizinische Versorgung

Im Gegensatz zu den größeren Mauthausen-Außenkommandos war in St. Aegyd kein ständiger SS-Arzt stationiert. Der Mediziner Richard Plättig, Lagerarzt in Wr. Neudorf, gab aber im Rahmen des Verfahrens gegen Lagerführer Willi Auerswald an, Ende 1944 in St. Aegyd gewesen zu sein.[234] Er wurde vom Hauptlager Mauthausen beauftragt, den Gesundheitszustand der Häftlinge zu überprüfen. Plättig berichtete weiter, dass es vor Ort lediglich einen Arzt gegeben habe, der allerdings selbst ein Häftling gewesen sei. Eine Untersuchung aller Lagerinsassen habe schließlich ergeben, dass rund 160 von ihnen nicht arbeitsfähig waren, worüber er auch das Stammlager in Mauthausen informiert habe. Als Folge dieser Untersuchung kam es schließlich zum ersten großen Rücktransport vom 8. Jänner 1945, bei dem 91 Häftlinge nach Mauthausen zurückgeschickt wurden.

Dass Lagerführer Auerswald am schlechten Zustand der Häftlinge die Schuld trage, verneinte Plättig in seiner Aussage allerdings. Vielmehr müssten sie aufgrund ihres schlechten Zustandes schon vor ihrer Ankunft in St. Aegyd unterernährt gewesen sein. Von seiner Visite in St. Aegyd berichtet der SS-Arzt weiter:

"The camp itself produced an orderly impression. The quarters were good. During the medical examination none of the inmates complained to me about the treatment in that camp. Also the imprisoned physician, to whom I also talked privately, did not make any utterance to that effect, or complained about bad treatment or merciless exploitation." [235]

Es ist nicht davon auszugehen, dass sich ein unterernährter, gedemütigter und vielfach misshandelter KZ-Häftling in Todesangst ausgerechnet einem SS-Arzt anvertrauen würde, um gegen seinen Lagerführer Beschwerde zu führen.

Laut Rajmund Pajer handelte es sich bei dem permanent in St. Aegyd stationierten Häftlings-Mediziner um einen Serben namens Popovic, dieser sei ein ganz gewöhnlicher Häftling ohne Privilegien gewesen. [236] Pavle Popovic, Häftling mit der Nummer 106941, befand sich zwischen 2. November 1944 und der Lagerschließung am 1. April 1945 in St. Aegyd. Wie auch die diesbezügliche Transport-Zugangsliste vom 2. November 1944 bestätigt, war der jugoslawische Schutzhäftling in St. Aegyd als Sanitäter vorgesehen und hat diese Funktion auch tatsächlich ausgeübt. Neben Popovic war auch der polnische Schutzhäftling Tadeusz Wielkopolan (Häftlingsnummer 103247) mit dem ersten Transport vom 2. November 1944 nach St. Aegyd gekommen. Auch er sollte laut der damaligen Transportliste als Sanitäter eingesetzt werden. Vermutlich aufgrund der bereits oben erwähnten hohen Zahl an kranken Häftlingen kam am 17. Dezember 1944 ein dritter Sanitäter nach St. Aegyd. Der Pole Jan Zagierski (Häftlingsnummer 79580), dessen Haftgrund nicht bekannt ist, blieb ebenso wie die beiden anderen Sanitäter bis zur Auflösung des Lagers in St. Aegyd. Erst mit dem letzten Transport am 21. Februar kam mit dem französischen Schutzhäftling Jaques Sustendal (Häftlingsnummer 60551) ein weiterer Arzt nach St. Aegyd, im Arbeitseinsatz war der Franzose allerdings als Hilfsarbeiter vorgesehen.

Während über alle anderen Sanitäter von St. Aegyd keine weiteren Informationen vorhanden sind, konnte sich Lagerkapo Karl Kreitner an Popovic erinnern. Dieser habe der Sezierung des ermordeten Kapos Vinzenz Cellbrodt beigewohnt und anschließend berichtet, *„dass ein Schuss ins Kleinhirn des Vinzenz gegangen sei.“*[237] Laut Rajmund Pajer war es auch Popovic, der den St. Aegyder Lagerältesten Anton Hornacek im Beisein einiger weiterer Häftlinge nach der Befreiung des KZ Mauthausen an Ort und Stelle gelyncht hat:

"On the first couple of days after MAY 5, 1945 while standing by the kitchen in the company of DR. POPOVIC we spotted the KAPO TONI and immediately proceeded with the LYNCHING. With DR. POPOVIC delivering the coup de grace to the head with a swift kick."[238]

Bevölkerung und KZ

Obwohl der Zutritt zum Lagerareal für die Einwohner von St. Aegyd strengstens verboten und der gesamte KZ-Bereich umzäunt und abgesperrt war, blieben die Vorgänge im Konzentrationslager der Bevölkerung nicht verborgen. Zwar konnten die St. AegyderInnen über die Geschehnisse, die sich innerhalb des Stacheldrahtbereiches ereigneten, nur mutmaßen, sehr wohl konnten sie aber mitverfolgen, was die Häftlinge außerhalb des Lagers zu ertragen hatten. Die Arbeitskommandos arbeiteten nicht nur innerhalb der Lagerumzäunung sondern auch an weiter entfernten Orten. Der Marsch zu den Arbeitsstellen machte es unvermeidlich, dass auch die Bevölkerung die Häftlinge aus nächster Nähe zu Gesicht bekam.

„Natürlich hat man das immer wieder gesehen, wenn die Häftlinge da herumgetrieben und geschlagen worden sind. Ständig wimmerten sie ‚Hunger‘ und bettelten uns an. Man war mit dieser Sache ständig konfrontiert.“[239]

Eine besondere Position in St. Aegyd nahm der Vater des Zeitzeugen Friedrich Enk ein. Dadurch, dass er als einziger Bauer des Ortes im Besitz eines Traktors war, sei seine Familie zwangsläufig öfter in den Kontakt mit der SS gekommen.

„Da sind auch immer die Häftlinge dabei gewesen, die mussten dann das Fuhrwerk beladen. Die SS ist aber auch sonst oft zu uns herüber gekommen und auch die Kapos. Die hatten etwas mehr Freiheiten.“[240]

Manche St. AegyderInnen versuchten, die Häftlinge hin und wieder mit Nahrung zu versorgen, indem sie gekochte Kartoffeln über den Zaun warfen.[241] Einige Einwohner haben auch versucht, auf jenen Wegen, die von den Häftlingen im Zuge des Arbeitseinsatzes benutzt wurden, Nahrungsmittel *„fallen zu lassen"*, wie Rosa Mantai dies ausdrückte.[242] Darüber hinaus berichtete der ehemalige italienische Schutzhäftling Antonio Bellina in einem Brief an das Gemeindeamt St. Aegyd:

„Obwohl Sondergefangener in einem Konzentrationslager Ihres Landes unter der Leitung der SS. und abhängig vom Vernichtungslager Mauthausen, werde ich nie die Güte auserlesener Barmherzigkeit seitens Ihrer unbekannten Ortsbewohner vergessen, eine Barmherzigkeit, die keine Barriere kannte zwischen Rasse, Religion oder Klasse und die strengsten disziplinarischen Regeln mißachtete. Wie oft, wenn wir aus dem Lager zum Arbeitseinsatz kamen, fanden wir Brotstücke hinter den Steinen versteckt! In der Nähe des kleinen Bahnhofes, sah ich einmal eine schwarzgekleidete Frau, die unauffällig einige Zigaretten in die Hand eines meiner Kameraden gleiten ließ." [243]

Der am 10. November 1923 in Venzone geborene Bellina kam am 21. Februar 1945 nach St. Aegyd und blieb bis zur Auflösung des Lagers dort. Bellina, der die Häftlingsnummer 53359 trug, wurde während seiner Inhaftierung als Zimmermann eingesetzt. Seiner großen Dankbarkeit der örtlichen Bevölkerung gegenüber verlieh der Italiener durch die Spende von 5000 Lire Ausdruck. Ähnlich wie Bellina hat auch Rajmund Pajer nicht nur negative Erinnerungen an St. Aegyd:

"One thing I would never forget is while marching to work we went by some shacks housing women and children, refugees from the east I think! A child have thrown a piece of bread as we went by and I got something to eat. This I remember after 60 years." [244]

Henryk Czeslaw Bilski zeigte hingegen auf, dass es in St. Aegyd nicht nur den Häftlingen wohlgesonnene Menschen gab.

„Wir sind da hinter den Schlitten gegangen und im vorbeigehen sahen wir eine junge Frau, etwa 22 Jahre alt, schön bekleidet mit einem teuren Pelz mit einem Mädchen an der Hand. Und das Mädchen hat auf uns gespuckt. Es war sicher die Mutter, die das Kind aufgehetzt hatte auf uns zu spucken. [...] Außerdem haben wir keine Verbindung mit der Zivilbevölkerung gehabt, niemals." [245]

Während ein direkter Kontakt zwischen Häftlingen und der örtlichen Bevölkerung bis auf wenige Ausnahmen nahezu ausgeschlossen war, pflegten manche SS-Leute offenbar rege Beziehungen mit den St. AegyderInnen. So ist beispielsweise bekannt, dass der ehemalige SS-Wachmann Ludwig Paul nach dem Ende des Zweiten Weltkrieges noch längere Zeit vor Ort blieb weil er mit einer St. Aegyderin ein Kind gezeugt hatte.[246]

VIII. SS-LAGERLEITUNG UND WACHMANNSCHAFTEN

Lediglich zwei Personen der Lagerleitung des St. Aegyder Schutzhaftlagers sind bisher namentlich bekannt. Sie waren die einzigen SS-Männer, die das Recht hatten, den Stacheldrahtbereich zu betreten und verfügten damit über eine besondere Machtposition. Dabei handelte es sich um Lagerführer Willi Auerswald und um Arbeitsdienst- und Rapportführer Anton Perschl.

Lagerführer Willi Auerswald

Willi Auerswald wurde am 24. Dezember 1894 in Löbau (Deutsches Reich) geboren, sein erlernter Zivilberuf war Textilarbeiter[247]. Er trat bereits am 1. Mai 1933 der NSDAP bei und trug die Mitgliedsnummer 2.418.885[248]. Er trug zunächst den Dienstgrad eines SS-Oberscharführers[249] (OschF), avancierte aber später zum SS-Hauptscharführer (HSchF) und war von Frühjahr 1942 bis November 1944 in Steyr stationiert, wo er unter anderem als *„roll call leader"* (Rapportführer), *„labor commitment leader"* (Arbeitseinsatzführer) und *„chief of the post office"*[250] (Chef der Poststelle) fungierte. Im November 1944 wurde Auerswald schließlich zum Lagerführer des Mauthausen-Außenlagers St. Aegyd am Neuwalde bestimmt. Für seine Verbrechen gegen KZ-Häftlinge in Steyr und St. Aegyd musste sich Auerswald in Dachau in einem Prozess vor einem US-Militärgericht verantworten.

Das Verfahren gegen die SS-Männer Willi Auerswald, Hans Freyholdt, Hermann Fusten, Otto Heess, Karl Kolbe, Werner Kuehn und Alwin Schiller fand zwischen 2. und 17. Juli 1947 unter der offiziellen Bezeichnung „United States vs. Willi Auerswald, et al." statt. Der Prozess beschäftigte sich primär mit Vorfällen, die sich zwischen 1. Januar 1942 und 1. Mai 1945 in diversen Mauthausen-Außenlagern (Steyr, St. Lambrecht und St. Aegyd) sowie im „Wiener Graben" in Mauthausen ereignet hatten. Der Kern der Anklage wurde von den zuständigen US-Richtern des „General Military Government Court" folgendermaßen zusammengefasst:

"The accused were tried on one charge and particulars. The charge was based on a violation of the law and usages of war. The particulars alleged that the accused participated, in pursuance of a common design, in the subjection

of non-German civilians and prisoners of war to killings, beatings, tortures, etc., at the Mauthausen Concentration Camp and its subcamps."[251]

Besonders schwerwiegende Vorwürfe wurden gegen Willi Auerswald und Hermann Fusten (SS-Mann im Außenlager Steyr) erhoben, denen jeweils die Schuld am Tode einiger Häftlinge angelastet wurde:

"Accused AUERSWALD was a master sergeant with duties of roll call leader and labor commitment leader [...] All the convicted accused were shown to have beaten or otherwise mistreated and abused inmates. The acts of accused AUERSWALD and FUSTEN caused the death of a few inmates."[252]

Die Art der Misshandlungen wird in weiterer Folge im Detail erläutert. So habe Auerswald die Häftlinge entweder mit der Faust, einem Stock oder einer Reitgerte geprügelt, nicht selten habe er sie auch getreten. Gustav Claussen, nach eigenen Angaben in der Lagerverwaltung des KZ Mauthausen tätig, bezog sich im Prozess gegen Willi Auerswald auf dessen Zeit in St. Aegyd. Claussen bestätigte in seiner Aussage, dass dieses Lager zwischen September und November 1944 errichtet wurde und Auerswald dort den Posten als Lagerführer inne hatte. Darüber hinaus berichtete er:

„Ich weiss als Schreiber vom Arbeitseinsatz, dass Ziereis ausdrücklich für St. Aegyd die besten damals in Mauthausen noch vorhandenen Häftlinge, zunächst etwa 300 an der Zahl, befahl. Dies geschah. Der mir zu Einsicht in die Hände gelangte dienstliche Bericht auf dem Arbeitseinsatz, das war ein Untersuchungsbericht, weil dieses Sterben selbst den Mördern von Mauthausen zu viel war, weil diese Häftlinge kriegswichtige Arbeiten leisten sollten, machte abschliessend den Hauptscharführer Auerswald als Lagerführer für den Tod dieser Häftlinge verantwortlich."[253]

Auerswald-Anwalt Eberhard Engelhardt bestritt diese Vorwürfe im Namen seines Klienten. Die angesprochenen Häftlinge seien bereits in sehr schlechtem Zustand nach St. Aegyd gekommen, außerdem hätte deren körperlicher Zustand keine große Rolle gespielt, da für die Aufgaben in St. Aegyd vor allem technisch versierte Personen benötigt wurden.[254] Im Rahmen seiner Verteidigung gab Auerswald zwar die Misshandlung von Häftlingen ohne ausdrücklichen Befehl zu, wollte dies aber als „Akt der Menschlichkeit" verstanden wissen. In jenen Fällen, die zum Tod der Häftlinge führten, habe er ausschließlich auf Befehl gehandelt:

"Accused AUERSWALD admitted beating inmates, but claimed these beatings saved the victims from death at Mauthausen which would have prob-

ably resulted if they had been reported. Some beatings were administered on or-der of the camp commander. He also admitted giving a mercy shot to a Pole."[255]
Das Gericht akzeptierte weder Auerswalds Schutzbehauptung noch sein Argument eines „Befehls von Oben"[256]. Vielmehr vertrat es in seinem Urteil die Meinung, Auerswald *„acted willingly and not under immediate compulsion."*[257] Auerswald wurde am 17.7.1947 zum Tode durch den Strang verurteilt, einem ersten Antrag auf Reduktion des Strafausmaßes wurde per Beschluss vom 28. April 1948 zunächst nicht stattgegeben. Das Gericht empfahl, *„that the finding of guilty of the accused Willi AUERSWALD and his sentence to death by hanging be approved."*[258] Letzt-lich kam es aber nicht zur Exekution, das Urteil gegen Auerswald wurde im August 1948 in lebenslänglich umgewandelt und im April 1951 auf zehn Jahre reduziert. Im April 1955 kam Auerswald schließlich unter strengen Auflagen frei[259] und verstarb ein Jahr später.

In St. Aegyd musste Auerswald als ranghöchster SS-Mann selbst über die Verhängung einer Häftlingsstrafe und deren Art entscheiden. Rapportführer Perschl gab in seinen Aussagen mehrfach zu Protokoll, dass er sämtliche Bestrafungen in St. Aegyd ausschließlich auf Befehl des Lager-führers durchgeführt hätte.[260] Zu diesen Strafen zählten unter anderem Stockschläge, „Pfahlhängen" oder auch der Rücktransport nach Maut-hausen, zur Arbeit im dortigen Steinbruch.

Rapportführer Anton Perschl

Anton Perschl wurde am 18. Januar 1908 in Streifing (NÖ) geboren und bekleidete zunächst den Rang eines SS-Sturmmannes[261], später avan-cierte er zum SS-Rottenführer. Dies entsprach dem militärischen Status eines Gefreiten bzw. Obergefreiten[262], war also noch kein Offiziersrang. Nach St. Aegyd kam Perschl laut eigenen Angaben im September 1944 als Mitglied der SS-Wachmannschaft. Zuvor hatte der in Wien lebende Kraftfahrer an mehreren Frankreich-Feldzügen teilgenommen und nach einem Russland-Feldzug die Ostmedaille verliehen bekommen.[263]

„Anfangs Sept. 1944 war ich arbeitsverwendungsfähig und kam in das Aufbaulager St. Ägid, das zum KZ Mauthausen gehörte. Ich wurde zur La-gerwache eingeteilt. Nach vier Wochen wurde ich dort Rapportführer. In die-sem Lager verblieb ich bis Kriegsschluß."[264]
Über sein Aufgabengebiet als Rapport- und Arbeitsdienstführer gab Anton Perschl, der stets seine SS-Uniform trug[265], im Verlauf der Ver-nehmung zu Protokoll:

97

„Es waren zwei Wohnblocks zu je 150 Mann und ich musste in der Früh den Rapport aufnehmen, die Leute zur Arbeit einteilen und dann hatte ich die Pflicht, die Arbeiter zu kontrollieren, wie sie arbeiten, wo sie arbeiten und ob alles in Ordnung ist." [266]
Mehrere Zeugen gaben im Rahmen der beiden Volksgerichtsprozesse am Landesgericht Wien übereinstimmend an, dass Perschl vor allem ausländische Häftlinge immer wieder schwer misshandelt hat. Wegen angeblicher Verstöße gegen Arbeitsdisziplin, Kameradschaftsdiebstählen oder wenn sich Häftlinge als „widerspenstig" erwiesen, schlug er mit der Faust zu, verteilte Fußtritte und Ohrfeigen. Oftmals bediente er sich auch des *„Ochsenziemers"* [267] oder des Schaufelstiels.

„Den Deutschen gegenüber hat sich Perschl gut benommen, da er von uns eine Menge Sachen bekam. Den Ausländern gegenüber war Perschl ein Schläger und hatte die Häftlinge des öfteren misshandelt." [268]
Perschl wurde nicht nur des Mordes an Vinzenz Cellbrodt angeklagt, sondern auch der Häftlingsmisshandlung und Verletzung der Menschenwürde bezichtigt. Darüber hinaus, so das Wiener Volksgericht, habe er sich wegen seiner SA- und SS-Mitgliedschaft des Hochverrats schuldig gemacht und sei seiner Registrierungspflicht als NSDAP-Mitglied nicht zeitgerecht nachgekommen. [269] Was den Vorwurf des Verbrechens gegen die Menschlichkeit betrifft, wurde der Fall eines polnischen Häftlings erörtert, der bei einem Fluchtversuch angeschossen und in schwer verletztem Zustand von Perschl brutal geschlagen worden war. Über diese misshandelte Person und deren Schicksal gab SS-Wachmann Kurt Frey zu Protokoll:

„Das war kein Pole, sondern ein Zigeuner namens Berger. Ich war damals selbst im Eisenwerk und dieser Zigeuner ist durch das Klosettfenster der Fabrik geflüchtet. Nach 2 Stunden haben wir seine Flucht bemerkt, doch haben wir ihm [sic] nicht mehr eingeholt. Dieser Zigeuner wurde dann von einem Förster oder Jäger angeschossen und zurückgebracht. Einen Tag später wurde er nach Mauthausen zurücküberstellt." [270]
Der Reichsdeutsche August Berger (Häftlingsnummer 106419) wurde am 24.8.1916 in Hehmunnsdorf geboren und kam am 2. November 1944 unter dem Haftgrund „AZR Zig. DR." als Holzarbeiter in das Außenlager St. Aegyd. [271] Eine undatierte Überstellungsmeldung [272] des Lagerschreibers Kubicek weist darauf hin, dass Berger nach Mauthausen rücküberstellt wurde. Aus dem Zugangsbuch der Schutzhaftlagerführung Mauthausen ergibt sich zudem, dass er am 20. Dezember 1944 aus Mauthausen weiter nach Gusen „Bergkristall-Bau", also in das Außenla-

ger Gusen II überstellt wurde.[273] In den im Archiv der KZ-Gedenkstätte Mauthausen vorliegenden Quellen finden sich keine Hinweise darauf, dass Berger während seiner Haftzeit verstorben wäre.[274]

In inhaltlicher Hinsicht gibt es beim ersten Volksgerichtsprozess gegen Anton Perschl eine besondere Auffälligkeit. Die einvernommenen Häftlinge waren bereits vor der Hauptverhandlung von der Polizeidirektion Wien verhört worden. Einige der verhörten Zeugen relativierten und veränderten in der Hauptverhandlung ihre Anschuldigungen gegen Perschl ganz erheblich. So beschrieb beispielsweise Lagerschreiber Alois Kubicek den Angeklagten Perschl noch in der polizeilichen Niederschrift als *„grob und brutal"* und sein Verhalten als *„so wie es sich für einen biederen SS-Mann gehörte"*[275]. Während der Hauptverhandlung an seine frühere Aussage erinnert, gab Kubicek aber zu Protokoll:

„Wenn man so lange im KZ Mauthausen und Dachau war wie ich, dann weiss man, dass der Angekl. gegenüber von Anderen noch ein Engel war."[276]

Während man im Falle Kubiceks noch geltend machen könnte, dass zwischen dem Zeitpunkt der Niederschrift und dem Tag der Hauptverhandlung zirka sechs Jahre lagen, ist die inhaltliche Wandlung in der Aussage von Ludwig Koczwara noch deutlicher erkennbar. Er gab im Oktober 1951 über Perschl zu Protokoll:

„Den polnischen Häftlingen insbes. wie auch den sonstigen ausländischen Internierten gegenüber verhielt Perschl sich brutal. Er schlug sie wegen Geringfügigkeiten mit Ochsenziemer oder was ihm sonst gerade unter die Hände kam."[277]

Nur dreizehn Monate später war davon keine Rede mehr. Koczwara gab im Rahmen der Hauptverhandlung an, Perschl habe sich sowohl den deutschen als auch den ausländischen Häftlingen gegenüber stets gut benommen.

„Wenn sich jemand schlecht benommen hat, so war dies der Lagerführer. Dieser wollte mich einmal auch in den elektrisch geladenen Umzäunungsdraht jagen und der Angekl. hat mich davor gewarnt."[278]

Auf Nachfrage des Gerichtes spielte Koczwara das Verhalten von Perschl neuerlich herunter und versuchte dessen brutales Vorgehen damit zu entschuldigen, dass es ihm stets vom Lagerführer aufgetragen worden sei. Ein ähnlicher Meinungsumschwung ist auch bei SS-Wachmann Kurt Frey zu beobachten. Er sagte bei seiner niederschriftlichen Aussage[279] im Oktober 1946, Perschl habe die Häftlinge *„nicht gerade anständig"* behandelt, er selbst habe gesehen, dass er sie *„geohrfeigt und* *geschlagen hat"*. In der Hauptverhandlung behauptete er hingegen, Perschl habe die Häftlinge nur *„geschubst oder gerempelt"*, ihnen aber *„keine Schläge im böswilligen Sinn"*[280] verabreicht.

Über die Gründe für den plötzlichen Sinneswandel der genannten Zeugen kann nur gemutmaßt werden. Eine mögliche Erklärung könnte die Aussage des zweiten Blockältesten Karl Kreitner geben. Dieser behauptete im Rahmen seiner Niederschrift, dass ihm Perschl 1000 Reichsmark geboten habe, damit er vor Gericht nicht gegen ihn aussagt.[281] Perschl selbst gab zu Protokoll, den ehemaligen Kapo Ludwig Koczwara nach Kriegsende noch einige Male besucht zu haben. Den Vorwurf einer etwaigen Zeugenbestechung wies er naturgemäß von sich.[282] Das Gericht schien sich mit dieser Aussage Perschls zufrieden zu geben und hinterfragte nicht näher, ob es tatsächlich zu Zahlungen von Perschl an Koczwara, Kreitner, Kubicek oder Frey gekommen war.

Sowohl die Frage nach dem Grund für diese offensichtlichen Meinungsänderungen der Zeugen, als auch deren Auswirkung auf die Höhe der Strafe, müssen offen bleiben. Es stellt sich die Frage, wie die Schöffen im Prozess gegen Anton Perschl entschieden hätten, falls alle Zeugen an ihren ursprünglich getätigten Aussagen festgehalten hätten. Anton Perschl wurde schließlich von einem Schöffengericht am 27. November 1952 in allen drei Anklagepunkten für schuldig befunden. Was den Vorwurf der Misshandlung betrifft, befand das Gericht:

„Der Angeklagte Anton Perschl ist schuldig, er habe in St. Aegyd am Neuwald in den Jahren 1944 und 1945 in der Zeit der nationalsozialistischen Gewaltherrschaft unter Ausnützung dienstlicher Gewalt ausländische Häftlinge empfindlich misshandelt und in ihrer Menschenwürde erheblich gekränkt und beleidigt."[283]

Für dieses Vergehen in Kombination mit Hochverrat aufgrund seiner SA- und SS-Mitgliedschaft sowie der nicht fristgerechten Registrierung seiner NSDAP-Mitgliedschaft wurde Anton Perschl zu *„sieben (7) Monaten schweren Kerker verschärft durch ein hartes Lager vierteljährlich sowie [...] zum Ersatze der Kosten des Strafverfahrens und Strafvollzuges verurteilt."*[284] In der Urteilsfindung wird dann noch ergänzend ausgeführt:

„Gemäß § 55a StG. wird die Verwahrungs- und Untersuchungshaft vom 27. November 1951 – 18 Uhr bis 27. Juni 1952 – 18 Uhr als unverschuldet in die Strafe eingerechnet."[285]

Die verhängte Strafe gegen Perschl war also bereits zum Zeitpunkt der Urteilsfindung am 27.11.1952 abgesessen. In der Urteilsbegründung steht schließlich zu lesen, Perschl sei geständig gewesen, was das Verabreichen von Ohrfeigen und Fußtritten betraf. Darüber hinaus konnte das Gericht der Argumentation Perschls in folgender Weise zustimmen: *„Es ist zweifellos richtig, dass es sich in Ansehung der dort angehaltenen Personen zum Grossteil um Gewohnheitsverbrecher gehandelt hat, deren Behandlung einem anderen Maßstab zu unterstellen ist, als bei sonstigen arbeitswilligen Menschen. Es ist ferner richtig, dass eine im Aussenlager vorgenommene Disziplinierung – selbst vom Gesichtspunkte der Angehaltenen aus – immer noch eine menschlichere Bestrafung darstellte, als die ansonsten zu gewärtigende Rücküberstellung in das K.Z. Mauthausen und der damit allfällig verbundenen Einreihung in die Arbeitskompagnie.“* [286]

Dies träfe allerdings ausschließlich auf die Verabreichung von Ohrfeigen zu, nicht aber was Fußtritte und Stockhiebe betrifft, wie einschränkend hinzugefügt wurde. Diese Art der Misshandlung würde bereits einer Verletzung der Menschenwürde entsprechen, die selbst einem Gewohnheitsverbrecher nicht zugefügt werden dürfe.[287] Was Perschls Ohrfeigen gegen den verwundeten Häftling August Berger betrifft, so vertrat das Gericht die Überzeugung, dass dies *„als Versetzung in einen qualvollen Zustand angesehen werden muß.“*[288] Per 10. Oktober 1957 wurden sowohl dem Antrag auf „Nachlass der Kosten des Strafverfahrens" wie auch jenem auf „Tilgung" des Verfahrens gegen Anton Perschl zugestimmt.[289]

Nach Analyse der vorliegenden Prozessakten müssen dem Volksgericht mehrere grobe Fehleinschätzungen oder gar bewusste Fehlinterpretationen vorgeworfen werden, die letztlich zu einem überaus milden Urteil gegen Anton Perschl führten. Den angeblichen Bestechungsversuchen Perschls wurde vom Gericht keinerlei weitere Beachtung geschenkt, obwohl der Küchenkapo Kreitner den Rapportführer eindeutig der Bestechung bezichtigte und auch Kapo Ludwig Koczwara Andeutungen in diese Richtung machte.

In der Urteilsbegründung ist überdies wörtlich von „empfindlich misshandelten" ausländischen Häftlingen, die „erheblich in ihrer Menschenwürde gekränkt und beleidigt" worden seien, die Rede. In St. Aegyd fanden innerhalb von fünf Monaten zumindest 46 Männer den Tod und mehrere hundert wurden wegen krankheits- oder verletzungsbedingter Arbeitsunfähigkeit nach Mauthausen zurück überstellt. Unter Berücksichtigung dieser Tatsachen stellt die Formulierung des Volksgerichtes eine grobe Verharmlosung der realen Verhältnisse im Lager St.

Aegyd dar. Zu allem Überfluss wurden Perschls Taten vom Gericht auch noch damit entschuldigt, dass es sich bei den Häftlingen ohnehin „zum Grossteil um Gewohnheitsverbrecher gehandelt" habe, was man „in Ansehung" der dort inhaftierten Männer eruiert habe. Tatsache ist, dass lediglich die St. Aegyder Kapos großteils vorbestraft waren, die ausländischen Häftlinge aber völlig unbescholten und ohne Verfahren in Schutzhaft kamen. Was diese Männer aus Polen, der Sowjetunion, Italien und vielen anderen Nationen betrifft, so wurden seitens des Volksgerichtes keinerlei Erhebungen nach den Namen der Häftlinge oder deren Leumund unternommen. Tatsächlich deutete in den vorhandenen Akten absolut nichts darauf hin, dass auch nur ein einziger der ausländischen Häftlinge vorbestraft gewesen wäre. Dennoch glaubte das Gericht unverständlicherweise den haltlosen Behauptungen des Angeklagten Perschl und denunzierte damit die unbescholtenen ausländischen Schutzhäftlinge.

Der ehemalige Häftling Heinz Apenzeller baute durch seine Tätigkeit als „Putz" von Perschl ein ganz besonderes Verhältnis zum gefürchteten SS-Rapportführer auf:

„Wir waren fast gleichaltrig und wie er gehört hat, dass ich trainierter Boxer war und Jiu-Jitsu-Kurse gemacht habe, wollte er das auch lernen. Dann habe ich ihn trainiert und in seiner Hütte waren wir wie zwei junge Deppen." [290]

Perschl habe ihm quasi als Gegenleistung einen Teil seiner Verpflegung gegeben, weshalb er *„bester Kondition gewesen"* sei. [291] Gleichzeitig wusste Apenzeller aber auch, dass Perschl ein Verbrecher war, der vor allem ausländische Häftlinge besonders grausam behandelte:

„Er war wie ein Bruder zu mir und war ein Mörder. Er hat einen Zigeuner gehängt und einen anderen erschlagen." [292]

Mit Anton Perschl und Willi Auerswald wurden die beiden ranghöchsten SS-Männer im Außenlager St. Aegyd aufgrund ihres brutalen Verhaltens gerichtlich belangt. Beide vergingen sich erwiesenermaßen und viele Male vor allem an ausländischen Häftlingen, schlugen sie mit bloßer Hand und Stöcken oder traten sie wegen Geringfügigkeiten. Darüber hinaus waren beide für den Tod einiger KZ-Insassen direkt oder indirekt mitverantwortlich. Dennoch kam Auerswald mit zehn Jahren Haft davon, Perschl gar mit nur sieben Monaten und zusätzlicher Befreiung von den Haft- und Prozesskosten.

SS-Wachtruppen

Die SS-Wachtruppe in St. Aegyd bestand laut Rapportführer Anton Perschl aus 36 bis 40 Mann,[293] der als Sanitäter eingesetzte SS-Sturmmann Peter Braun hingegen setzte die Zahl der Wachen mit 50 bis 60 Mann[294] deutlich höher an. Der langjährige Häftlingsschreiber beim SS-Standortarzt im KZ Mauthausen Ernst Martin wiederum gab sehr detailliert an, dass sich am 27.3.1945 ein SS-Offizier, vier SS-Unteroffiziere und 48 Mannschaftsdienstgrade in St. Aegyd befanden.[295] Drei von ihnen, Kurt Frey (geboren am 29.1.1924), Ludwig Paul (geboren am 23.3.1920) und Johann Spanblöchl (geboren am 24.12.1925), traten als Zeugen in den Volksgerichtsprozessen gegen Anton Perschl auf und berichteten dort über die Aufgaben der SS-Mannschaften. Die gesamte SS-Wachtruppe war in drei Züge unterteilt und versah abwechselnd Wachdienst auf den vier Türmen. Ein Zug bestand aus zwölf Mann, die sich während ihrer Dienstzeit in der Wachbaracke aufhielten.[296] Auch die Häftlinge der einzelnen Arbeitskommandos wurden von SS-Wachmännern auf dem Weg zur Arbeit begleitet.[297] Die Wachen bildeten während des Arbeitseinsatzes, je nach den örtlichen Gegebenheiten, einen Ring rund um die Arbeitsstätten. Der ehemalige Wachzugführer Frey gab an, dass die Wachen mit französischen Gewehren und 90 Schuss Munition ausgestattet gewesen seien. Die schlechte Ausrüstung habe die Arbeit der SS-Wachtrupps erheblich erschwert, deshalb sei es wichtig gewesen, dass Kapos im Lager für Ruhe sorgten. Die SS hätte einen konzentrierten Ausbruchsversuch der Häftlinge nicht abwehren können.[298]

Ihre dienstfreie Zeit verbrachten die Wachmänner entweder in ihren Unterkünften, die sich in der heutigen Volksschule[299], nur wenige hundert Meter vom Schutzhaftlager entfernt, befanden oder sie hielten sich im eigens eingerichteten Casino auf, das sich direkt im Ort befand und wo sie *„oftmals ganz schön gefeiert haben"*[300]. Die vom Volksgericht einvernommenen SS-Männer Spanblöchl und Frey stammten aus Österreich, Paul aus dem Deutschen Reich. Der überwiegende Teil der Wachmannschaften hingegen kam aber aus anderen Ländern:

„Meistens waren das Volksdeutsche aus Rumänien, aus Kroatien, aus baltischen Landen, aus Ukraine, aus Russland, aus Polen. [...] Wir haben immer gesagt die Beute-Germanen und das waren die Schlimmsten."[301]

Wachleuten war es strikt untersagt, den Stacheldrahtbereich zu betreten, außerdem war ihnen jeglicher Umgang mit Häftlingen verboten.

Die ausländischen Inhaftierten galten für die SS-Männer als „Scheisse, Dreck und mit Läusen infiziert", wie sich Rajmund Pajer erinnert.[302] Auch tätliche Übergriffe der SS-Mannschaften auf die Häftlinge waren keine Seltenheit. Zwischen 1970 und 1975 führte die Staatsanwaltschaft München Ermittlungen gegen „unbekannte Täter" durch.[303] Diese basierten auf Vorermittlungen der zentralen Stelle Ludwigsburg, die aufgrund der Erwähnung des Lagers St. Aegyd im „Catalogue of Camps and Prisons" eingeleitet worden waren.[304] Die Nachforschungen der bayrischen Ermittler erhärteten in mehreren Fällen den Verdacht auf Tötungshandlungen durch Angehörige der SS-Wachmannschaften.[305]

• In näherer Umgebung des Lagers soll ein vermutlich polnischer Häftling, der wegen Erschöpfung nicht mehr weiterarbeiten konnte, von einem unbekannten SS-Mann mit einem Gewehr erschossen worden sein.

• Ein 18-jähriger jüdischer Student aus Tunis soll im März 1945 von einem 25-jährigen SS-Angehörigen aus Kroatien mit einem Gewehrkolben verprügelt worden sein. Der Häftling war Teil eines aus rund 20 Männern bestehenden Arbeitskommandos, das etwa drei Kilometer vom Lager entfernt einen Militärwagen wieder flott machen sollte, der im Schnee steckengeblieben war. Seine Mithäftlinge brachten den Studenten ins Lager zurück, wo er einige Stunden später starb.

• Ein russischer Häftling soll im Magazin Schokolade gestohlen haben und deshalb von einem SS-Mann, möglicherweise ein SS-Oberscharführer, mit einem Spazierstock zu Tode geprügelt worden sein.

• Ein in die Berge geflüchteter russischer Häftling soll erwischt und erschossen worden sein. Die Leiche wurde anschließend den anderen Häftlinge gezeigt, verbunden mit der Drohung, dass jedem, der ebenfalls einen Fluchtversuch unternehme, das gleiche Schicksal drohe.

• Zwischen 21. Februar und 4. April 1945 soll ein unbekannter Häftling, der zu fliehen versucht hatte, mit den Füßen nach oben aufgehängt worden und daraufhin verstorben sein.

• Ein Zeuge namens Fiedler gab an, dass Lagerführer Auerswald „sehr schlimm gewesen sei" und mehrere Häftlinge selbst getötet habe.[306]

Die Ermittlungen mussten letzlich per 17.12.1976 vom zuständigen Staatsanwalt Steiner eingestellt werden, da sie „nicht zur Feststellung noch lebender Angehöriger aus der SS-Lager- und Bewachungsmannschaft geführt" hatten.[307] Lediglich die Namen des bereits 1956 verstorbenen Lagerführer Willy Auerswald und des SS-Sanitäters Peter Braun konnten ausgeforscht werden. Auch die Suche nach früheren Funktionshäftlingen verlief negativ, da die Aussagen der einvernommenen Zeugen hinsichtlich der Nationalitäten der Kapos zu unterschiedlich waren.

„Während der Zeuge Volk angab, der Lagerälteste, die Blockältesten und Kapos seien tschechische Häftlinge gewesen, sagte der Zeuge Fiedler aus, Lagerältester sei ein Deutscher oder Österreicher gewesen, der in Mauthausen von seinen Mithäftlingen umgebracht worden sei." [308]

Insgesamt sechs deutschsprachige und sieben ausländische Zeugen wurden im Rahmen der Ermittlungen einvernommen, ohne jedoch verwertbare Hinweise auf die Täter zu erhalten. Als mögliche Gründe dafür nannte der Staatsanwalt einerseits, dass die Häftlinge meist nur sehr kurz in St. Aegyd inhaftiert waren [309] und deshalb keine Namen wissen konnten. Andererseits argumentiert er, *„dass sich die Häftlinge in den ersten Monaten des Jahres 1945 physisch und psychisch nahezu am Ende befanden und ihr Trachten naturgemäß nur noch darauf gerichtet war, das Kriegsende zu erleben".* [310] Auch die Tatsache, dass zwischen den Ermittlungen der Münchner Staatsanwaltschaft und dem Zeitpunkt der angeblichen Tötungen mehr als 21 Jahre lagen, darf nicht außer Acht gelassen werden. Letztlich bleiben die Beschreibungen des jeweiligen Tathergangs meist vage, genaue Zeit-, Orts- und Personenangaben fehlen bei den geschilderten Tötungshandlungen fast vollständig.

IX. ARBEITSEINSATZ IN ST. AEGYD

Die KZ-Häftlinge in St. Aegyd wurden fast ausschließlich im Lageraufbau eingesetzt, wo sie überwiegend Hilfs- und Handwerkstätigkeiten zu verrichten hatten. Tätigkeiten, für die eine spezielle Qualifikation benötigt wurde, waren die Ausnahme.

Maurer-, Betonier- und Grabungsarbeiten

Im November und Dezember 1944 mussten die Häftlinge an verschiedenen Stellen Gruben ausheben, damit anschließend Gebäudefundamente darauf betoniert werden konnten. Gleich neben den Geleisen errichtete ein Arbeitskommando eine eigene Baracke für die SS-Bauleitung, bei deren Fertigstellung Henryk Czeslaw Bilski zwei oder drei Tage mitarbeitete, bevor er zum Stollenbaukommando kam.[311] In den ersten Tagen mussten einige Häftlinge einen Graben für eine Wasserleitung vom Pfarrplatz bis zum KZ-Lager ausheben,[312] da es am Standort der Baracken kein fließendes Wasser gab. Im Zuge der Betonier- und Maurerarbeiten kamen zwischen 2. November 1944 und 1. April 1945 43 Maurer- und Betonierarbeiter zum Einsatz. Mindestens 16 von ihnen (allesamt polnische Häftlinge) starben entweder schon in St. Aegyd (4) oder kurz nach ihrem Rücktransport nach Mauthausen (12). Der hohe Opferanteil von 37,2 % deutet darauf hin, dass es sich um besonders schwere Arbeit gehandelt hat. Zum Betonieren der Grundfesten wurden erhebliche Mengen an Schotter und Sand benötigt. Diese Materialien gewannen die Häftlinge im Rotenbach, einem kleinen Tal nahe St. Aegyd.

„Die Häftlinge sind immer da rein in den Rotenbach getrieben worden, da war eine Schottergrube. Dort haben sie die Lastwägen mit Schotter beladen."[313]

Darüber hinaus soll sich auch direkt an das Lagergelände angrenzend oder sogar darauf ein weiterer Steinbruch befunden haben,[314] in dem die Häftlinge mit Krampen und Schaufeln arbeiten mussten.[315] Bei diesem zweiten Steinbruch dürfte es sich um jenen Ort gehandelt haben, an dem ein Stollen in die Erde getrieben wurde. Es ist wahrscheinlich, dass die Abfallprodukte des Stollenbaus für den Aufbau der Barackengrundfesten verwendet wurden. Bei den Arbeiten im Stollen wurde offenbar sehr professionell vorgegangen:

„Und da waren noch zwei Tage Bohrungen. Als Zivilarbeiter war eingesetzt ein Bergmann. Sie haben den gebracht aus Kolmar, jetzt ist das in Po-

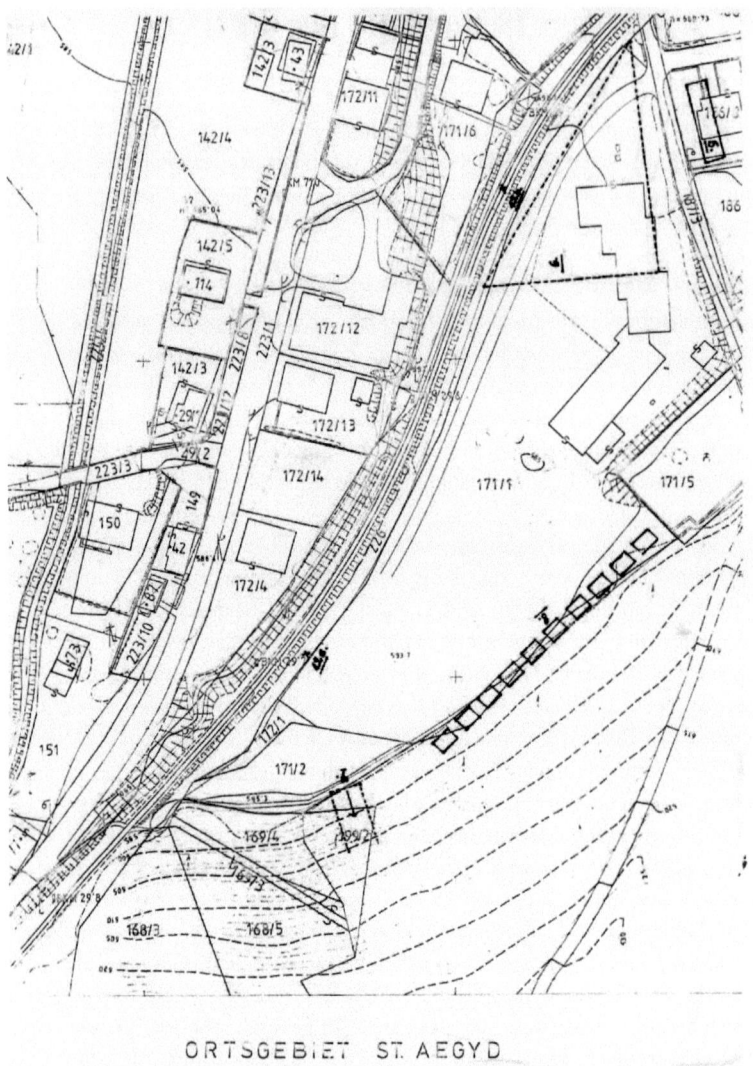

ORTSGEBIET ST. AEGYD

Abb. 20: Skizze des äußeren Lagerbereiches in St. Aegyd mit Hinweis auf Stollen, Finnenhäuser und Lagerplatz, Henryk Czeslaw Bilski. Legende nach Angaben von Bilski: Finnenhäuser (8.), Stollenbau (7.), Lagerplatz für V-Waffen (6.), Baracke der SS-Bauleitung (5.). Stelle an der sich Iwan Niesterjenko vor den Zug geworfen hat (12b.), Erschießung eines Häftlings wegen eines angeblichen Fluchtversuches durch eine SS-Wache (12a.).

len. Der war ja ein Fachmann, ein Bergmann. Er hat die Aufsicht über die Bohrarbeiten gehabt und hatte auch zweimal abgeschossen Gesteine."[316]

Ein Teil des beim Stollenbau abgesprengten Materials wurde dazu verwendet, auf einem Lagerplatz neben den Geleisen, direkt gegenüber der Baracke der SS-Bauleitung, Unebenheiten auszugleichen. Bilski schätzt, dass jeder Schubkarren mit rund einer Dritteltonne Gesteinsmaterial gefüllt war. Die Häftlinge mussten die vollen Schubkarren dennoch im Laufschritt und unter den Beschimpfungen und Drohungen der Kapos zu ihrem Bestimmungsort transportieren.

Aufgabe eines weiteren Arbeitskommandos war es, östlich des Lagers einen Hügel einzuebnen. Gesteinsbrocken wurden in Bergbau-Waggons auf schmalen Geleisen den Hügel abwärts transportiert, um dort größeren Lastwägen die Zufahrt zu ermöglichen. Für die Häftlinge ein lebensgefährliches Unterfangen:

"[…] mining equipment was used to remove large amount of hard rocks on a small rail down on a incline. A wooden pole was used to brake the wagons by pressing against the wheels. Sometimes the wagon would jump the rail and spill the load. The prisoner in charge of the braking would be accused of SABOTAGE. And BEATEN by MAX the work Boss, and threatened with hanging."[317]

Holzbringung und Verarbeitung

Zu den schwersten Tätigkeiten zählte das Holzschlagen im an das Lager angrenzenden Pfarrwald. Neben den Gefahren, welche die Forstarbeit birgt, wurde die Aufgabe für die Häftlinge durch die enorme Steilheit des Geländes und die großen Schneemengen zusätzlich erschwert.[318] Die Holzarbeiter stammten allesamt aus dem Gebiet des Deutschen Reiches. Beeindruckend ist die Menge an Holz, die binnen fünf Monaten in St. Aegyd gefällt wurde. Wie Pfarrer Franz Kaubeck im Namen der katholischen Pfarre St. Aegyd am Neuwalde später in einem Brief an das Bischöfliche Ordinariat in St. Pölten berichtete, hatten die Häftlinge während dieser Zeit mehr als 250 fm³ Holz aus den Beständen der Pfarre St. Aegyd geschlagen.[319] Das im Pfarrwald gewonnene Holz wurde schließlich von weiteren Arbeitskommandos in der lokalen Zimmerei und Tischlerei weiterverarbeitet. Bereits mit dem ersten Häftlingstransport am 2. November 1944 kamen zu diesem Zweck insgesamt 20 Tischler und 20 Zimmerleute nach St. Aegyd, mit dem zweiten Zugangstransport folgten weitere 33 bzw. 13. Der Spanienkämpfer August Schober

(117349) arbeitete während seiner Inhaftierung in St. Aegyd ebenfalls in der Tischlerei.[320] Seine Aufgabe bestand darin, im Rahmen der Barackenfertigstellung Fenster und Türen einzurichten.[321] Zimmerleute und Tischler bildeten in St. Aegyd die mit Abstand größte Facharbeitergruppe. Zumindest 16 von ihnen starben noch vor Ort oder kurz nach ihrem Rücktransport nach Mauthausen.

Straßen- und Gleisarbeiten

Die SS-Bauleitung war daran interessiert, die örtliche Verkehrsinfrastruktur zu verbessern und ließ deshalb von Arbeitskommandos Straßen- und Bahnwege adaptieren und erweitern. Im Jahr 1944 existierte zwischen der Hauptstraße und dem Lagerareal nur ein schmaler, steiler Weg. Die bis heute bestehende Straßenverbindung wurde erst von KZ-Häftlingen errichtet.[322] Wie der ehemalige Häftling Ludwig Hoppé berichtete,[323] war er als Kapo beim Straßenbaukommando St. Aegyd beschäftigt.[324] Nachdem allerdings einige Häftlinge seines Kommandos unerlaubterweise geraucht hatten, habe er diesen Status schon nach drei Tagen wieder verloren. Über die Gleisarbeiten[325] existieren nur vage Angaben von Rapportführer Anton Perschl, der angibt, ein diesbezügliches Arbeitskommando regelmäßig visitiert zu haben.[326]

Sonstige Arbeitskommandos

In unmittelbarer Nähe der Geleise befand sich ebenfalls eine Baustelle, die auf dem „Niesterjenko-Plan"[327] eingezeichnet ist, deren genauer Zweck allerdings bisher im Verborgenen blieb. Zwischen den Kilometermarkierungen 29,1 und 29,2 ist eine Eisenbahnüberquerung eingezeichnet. Südlich der Geleise, also auf dem Lagerareal, befand sich laut dieser Skizze die „Baustelle". Diese ist mit einem großen Dreieck zusätzlich markiert. Nördlich der Geleise, offenbar nur wenige Meter von dieser Baustelle entfernt, teilt sich der Weg in zwei Äste auf. Einer führte offenbar zu einer „Kläranlage", der andere zu einer *„Kissgrube"*[328]. Beide Begriffe sind auf der Skizze ebenfalls mit einem Dreieck versehen und mit dem Begriff „Baustelle" durch gestrichelte Linien verbunden. Die gestrichelten und mit Pfeilen in beide Richtungen versehenen Linien sollen möglicherweise die Marschwege der Häftlinge zwischen Baustelle und Kläranlage bzw. Kissgrube darstellen. Dabei mussten sie jeweils die Geleise kreuzen. Darüber hinaus bezeichnet ein einzelner, vom gestrichelten Weg in Richtung Geleise deutender roter Pfeil und die Aufschrift „vom

Zug gerädert" den Ort, an dem der russische Häftling Iwan Niesterjenko ums Leben kam.

Auch in den Werkshallen des so genannten St. Aegyder „Eisenwerkes" wurden die Häftlinge zur Arbeit eingesetzt.[329] Welcher konkreten Tätigkeit sie dort nachgingen, ist nicht bekannt.

Technische Fachkräfte

Vor allem bei den baulichen Tätigkeiten der SS standen die Häftlinge meist unter der Leitung von Technikern diverser Baufirmen.[330] Wie aus den St. Aegyder Häftlingslisten hervorgeht, kam es durchaus vor, dass die eingesetzten Techniker oder Facharbeiter aus den Reihen der Häftlinge kamen. Zwei bereits entlassene Häftlinge äußerten sogar den Wunsch, als Angestellte bei der SS-Bauleitung in St. Aegyd aufgenommen zu werden. Der Zimmerermeister Adolf Simanke etwa wird namentlich in einem Brief der St. Aegyder Bauleitung an das „KL. Mauthausen – Arbeitseinsatz – z.Hd. SS-Obersturmführer Dittmann" erwähnt:

„Ich hatte am 5.1. in Ihrer Abwesenheit mit einem Unterscharführer gesprochen wegen des inzwischen entlassenen, früher hier beschäftigt gewesenen Häftlings Adolf S i m a n k e , Nr. 91732. Ich bitte um Mitteilung, ob irgendwelche Bedenken bestehen, den Betreffenden in das Angestelltenverhältnis der Bauleitung zu übernehmen. Simanke hatte bereits während seiner Haft hier bei der Bauleitung gearbeitet und könnte hier ein wichtiges Arbeitsgebiet übernehmen."[331]

Bereits Ende 1944 forderte die SS-Bauleitung überdies einen Hochbautechniker aus Mauthausen an, wie einem Schreiben vom 27. Dezember 1944 zu entnehmen ist.[332] In der Zeit von 4. bis 8. Januar 1945 befand sich der in den St. Aegyder Häftlingslisten als Tiefbauingenieur vermerkte Karl Heintz aus Luxemburg in St. Aegyd. Der 30-jährige Schutzhäftling trug die Häftlingsnummer 114437. Auch auf Heintz wird im Brief vom 11. Januar 1945 Bezug genommen:

„Der gerade 2 Tage hier beschäftigte Häftling Nr. 114437 ist inzwischen auf dortigen Befehl nach Mauthausen wieder überstellt worden. Der Betreffende könnte ebenfalls, falls er inzwischen entlassen worden ist, bei der Bauleitung als Hochbautechniker weiter beschäftigt werden und hat auch den Wunsch dazu geäussert. Ich bitte um Mitteilung, ob die Entlassung erfolgt ist und ob dortseits dagegen Bedenken bestehen."[333]

Neben Simanke und Heintz kamen auch weitere Häftlinge als höher qualifizierte Facharbeiter in St. Aegyd zum Einsatz. Der Schutzhäftling

Luigi Brogi (113918) beispielsweise kam am 21. Februar 1945 nach St. Aegyd. Der 35-jährige Italiener sollte in St. Aegyd laut Transportliste als „Baumeister" fungieren. Mit demselben Transport wie Brogi kam außerdem der 34-jährige polnische „Hochbauingenieur" Ignacy Kuczinski (119980) nach St. Aegyd.

Kooperation mit örtlichen Unternehmen

Es gibt im Falle des Außenlagers St. Aegyd nur wenige Hinweise auf eine Kooperation der SS mit ortsansässigen Firmen. Lediglich aufgrund von Aktenmaterial aus der unmittelbaren Nachkriegszeit lässt sich nachvollziehen, in welcher Weise die Waffen-SS mit St. Aegyder und auch ortsfremden Firmen kooperiert hat. Für die Verarbeitung des von den Häftlingen geschlagenen Holzes war die Firma Schmidt & Junk verantwortlich. Die reichsdeutsche Firma hatte zu diesem Zweck eine örtliche Baustelle mit einer Tischlerei und Zimmerei errichtet.[334] In einer unmittelbar nach dem Zweiten Weltkrieg verfassten Sachverhaltsdarstellung des damals ortsansässigen Unternehmens Stephansdach ist über diese Firma zu lesen:

„Die Fa. Schmidt & Junk hat ihre Zweigniederlassung in Wien und ist eine altreichsdeutsche Firma, die nach dem Jahre 1938 in Wien ihre Tätigkeit aufgenommen hat und nach den jetzt wieder geltenden österreichischen Bestimmungen als ausländische Firma betrachtet wird. Hier in St. Aegyd ist nur eine örtliche Baustelle errichtet worden für das Bauvorhaben der SS."[335]

Die Firma Stephansdach selbst war im „Holz- Hallen- und Barackenbau" tätig und der Inhaber Ingenieur Heinrich Stephan fürchtete nach Kriegsende die mögliche Konkurrenz der in derselben Branche tätigen Firma Schmidt & Junk. Deshalb richtete Stephan die Forderung an die Gemeinde, seiner eigenen Firma möge das Vorrecht auf Wiedereröffnung eines Betriebes gewährt werden, da er sowohl die dazu erforderlichen Maschinen als auch Rohmaterial und Arbeitskräfte zur Verfügung habe. Darüber hinaus sei auch die Stromversorgung prekär und eine Belieferung von zwei Betrieben nicht möglich. Zusätzlich bezieht die Firma Stephansdach in diesem Schreiben auch Stellung zur Kriegszeit und einer ehemaligen Kooperation mit der SS:

„Nach Rücksprache mit Herrn Ing. Stephan möchten wir festhalten, daß die Fa. für seinerzeitige Lieferungen an die SS ca. RM 4000.- offen hat und Herr Ing. Stephan sich seinerzeit bemüht hat die Schuld hereinzubekommen und deshalb mit Herrn Obersturmführer Blom verhandelt hat, um wenig-

stens das der SS gehörige Holzmaterial im gleichen Werte zurückerstattet zu erhalten, daraufhin erklärte Obgenannter, daß das lagernde Holz der SS der Fa. Schmidt & Junk zur Verfügung gestellt werden muß, da die Fa. selbst nicht in der Lage ist über das nötige Holzkontingent zu verfügen."[336]

Die Stephansdach war sowohl Sägewerk als auch Tischlerei und produzierte Baracken in Fertigteilbauweise. Während des Zweiten Weltkrieges fertigte das Unternehmen *„Baracken, Küchenmöbel, Fenster und Türen, Spinde, Dachkonstruktionen in Holz für Fabriken Holzsohlen."*[337] Franz Hölzl, der selbst nach dem Ende des Zweiten Weltkrieges einige Zeit für Stephansdach gearbeitet hat, äußerte die Vermutung, dass die Häftlingsbaracken in St. Aegyd ebenfalls von der Firma Stephansdach hergestellt worden sein könnten:

„Da ist ja nur eine Grundfeste betoniert worden und dann die Baracken draufgestellt. Und die Baracken die sind ja zum Teil bei uns in St. Aegyd sogar vorgefertigt worden diese Wehrmachtsbaracken."[338]

Abgesehen von der Kooperation der SS mit den Firmen Schmidt & Junk sowie der Stephansdach GesmbH konnten bisher keine weiteren Unterlagen über involvierte Unternehmen ausfindig gemacht werden. Durch eine weitere Zeugenaussage ist aber bekannt, dass das Lager in St. Aegyd auch mehrmals Lieferungen aus dem Hauptlager bekommen hat. Der ehemalige Mauthausen-Häftling Franz Kuzma[339] gab diesbezüglich zu Protokoll, dass er öfters von Mauthausen aus Ziegellieferungen nach St. Aegyd begleitet hätte.[340]

X. ARBEITSKRÄFTEMANGEL, LAGERSCHLIESSUNG UND RÜCKTRANSPORT

Schon kurz nach der Eröffnung des Außenlagers St. Aegyd am Neuwalde kündigten sich erste Probleme bei der Umsetzung der geplanten Bauten an. Einerseits stand die SS-Bauleitung unter dem Druck, gewisse Bauvorhaben termingerecht fertig stellen zu müssen, andererseits war es durch die täglich größer werdende Zahl arbeitsunfähiger und verstorbener Häftlinge immer schwerer, ausreichend Arbeitskräfte bereit zu stellen. Kälte, Misshandlung und harte Arbeit sorgten dafür, dass die Zahl arbeitsfähiger Häftlinge täglich kleiner wurde. Die schlechten Bedingungen im Hauptlager waren wiederum dafür verantwortlich, dass die als Ersatz angeforderten Häftlinge monatelang nicht „geliefert" wurden.

Aufgrund dieses Mangels an Häftlingen richtete sich ein namentlich nicht bekannter SS-Untersturmführer der „Bauleitung der Waffen-SS und Polizei St. Ägyd (am Neuwald)"[341] bereits am 27. Dezember 1944 mit der Bitte um Aufstockung des Häftlingskontingentes an den in Mauthausen für den Arbeitseinsatz zuständigen SS-Obersturmführer Dittmann.[342] Durch Tod und Überstellung habe man in St. Aegyd Ende Dezember ein *„Defizit von 30 Häftlingen"* und bitte um baldigen Ersatz.[343] Dem Wunsch aus St. Aegyd wurde seitens der Abteilung Arbeitskommando in Mauthausen allerdings nicht entsprochen, weshalb die Bauleitung schon am 11. Januar einige der geplanten Projekte ernstlich gefährdet sah. Neben den inzwischen 37 Verstorbenen seien außerdem 90 Häftlinge, die bereits seit längerem arbeitsunfähig waren, nach Mauthausen zurücküberstellt worden (Rücktransport vom 8. Januar 1945). Es müssten folglich zumindest die 37 Todesopfer oder besser noch die 90 rücküberstellten Häftlinge ersetzt werden, *„da ich hier alle Arbeiten sonst stoppen müsste"*, wie der Bauleiter bereits befürchtete.[344]

Am 3. Februar 1945 hatte die SS-Bauleitung die Hoffnung auf einen neuen Häftlingstransport offenbar bereits aufgegeben, und der Bauleiter richtete ein weiteres Schreiben an das Hauptlager, diesmal allerdings direkt an die Kommandantur von Mauthausen. Dort fasste er zunächst detailliert die Entwicklung des Häftlingsstandes und der derzeit vorherrschenden Bedingungen zusammen. Von 300 Häftlingen seien lediglich 120 noch arbeitsfähig, der Rest sei verstorben, aufgrund ungenügender Ernährung revierkrank oder auf Anordnung des Mauthausener Lagerarztes bereits rücküberstellt worden. Darüber hinaus zeigte der Bauleiter aber auch Verständnis für die Situation im Hauptlager, denn wie er aus einem Bericht des Schutzhaftlagerführers Auerswald wisse, sei dort inzwischen das Fleckfieber ausgebrochen. Dennoch appellierte er neuerlich an die Kommandantur und wies gleichzeitig auch auf die Konsequenzen hin, die bei Nichtergänzung des Häftlingsstandes drohen würden:

„Die Bauleitung weist darauf hin, dass das Arbeitsprogramm auf dem Sollstand von 300 Häftlingen als einzige hier vorhandene Arbeitskräfte aufgebaut ist und dass infolge des verminderten Häftlingseinsatzes bereits wichtige Teilbauwerke stillgelegt werden mussten bezw. Verzögerungen erlitten haben. Da es sich hier um ein Bauvorhaben hoher Dringlichkeitsstufe handelt, dessen Fertigstellung termingemäss durchgeführt werden muss, kann auf die Ergänzung auf den Sollstand von 300 Häftlingen auf keinen Fall länger verzichtet werden. Unter Hinweis auf die Folgen, die aus der Verzögerung des Bauvorhabens für die Rüstung entstehen, bitte ich nochmals dringend, alles zu versuchen, die durch Tod, Abstellung und den vorgesehenen Austausch hier ausgefallenen 130 Häftlinge aus den dortigen Beständen sofort wieder zu ergänzen.“ [345]

Obwohl dieser eindringlichen Bitte letztlich entsprochen wurde, sind an den Schwierigkeiten bei der Bereitstellung von Arbeitskräften bereits erste Auflösungserscheinungen des KZ-Systems erkennbar. Am 21. Februar 1945 kamen weitere 185 Häftlinge nach St. Aegyd, die Schließung des Außenkommandos stand wegen der täglich näherrückenden Front allerdings bereits unmittelbar bevor. Als sich die Zeichen für ein bevorstehendes Ende des Zweiten Weltkrieges verdichteten, kamen sowohl bei Häftlingen als auch SS-Männern immer häufiger Fluchtgedanken auf. Die Motive für die Flucht waren freilich völlig konträr. Während SS-Männer fürchteten, für ihre Taten in der NS-Zeit zur Verantwortung gezogen zu werden, hatten viele Häftlinge Angst, noch in den letzten Kriegstagen von der SS ermordet zu werden. So erinnert sich auch Heinz Apenzeller, dass er gemeinsam mit dem SS-Mann Anton Perschl kurz vor Kriegsende ihre Flucht geplant habe:

„Er war sehr nett, ich habe ihn zu Verwandten von mir nach Wien geschickt und er bekam Kleider und wurde bestens ausgestattet und wir haben besprochen, wir flüchten zusammen. […] Die große Liebe zum Adolf wurde etwas reduziert.“ [346]

Da Perschl aber letztlich der Mut verlassen habe, wurde nichts aus der Flucht und Perschl brachte Apenzeller statt dessen zurück ins Schutzhaftlager.[347]

Räumung und Rücktransport

Zu Ostern 1945[348] schließlich spitzte sich die Situation dramatisch zu. Die Front rückte immer näher und auch in St. Aegyd fielen bereits erste Bomben:

„Am Karfreitag 45 haben wir eine Ruhepause gehabt, weil damals ein schweres Bombardement durch die Amerikaner ausgeführt worden ist. Ein Pulk amerikanischer Flieger ist nach St. Pölten und Wien geflogen und abends sind sie wieder zurückgekommen. Am selben Tag haben sie auch hier in der Umgebung von St. Aegyd zwei Bomben abgeworfen."[349]

Ausgelöst durch diese Bombenangriffe entstand noch am selben Abend Unruhe im Schutzhaftlager, denn es hatte sich das Gerücht verbreitet, dass alle verbliebenen Häftlinge in den nächsten Tagen erschossen und das Lager gesprengt werden sollen. Aus diesem Grund entschlossen sich die Häftlinge, eine Wache aufzustellen und das Treiben der SS-Wachmannschaften außerhalb des Lagers zu beobachten.[350] Am nächsten Tag wurde den Häftlingen mitgeteilt, dass das Lager aufgelöst und das gesamte Kommando nach Mauthausen zurück überstellt wurde. Die Häftlinge bekamen für den Rücktransport Marschverpflegung, die aus einem Brot und ein wenig Margarine bestand. Am Vormittag des 1. April 1945 wurden sie von den SS-Wachen vom Schutzhaftlager zum Bahnhof getrieben und in zwei Waggons gepfercht. Ein dritter Waggon war für die SS bestimmt.[351]

„An einem eiskalten Morgen jagte man die laut wehklagenden Häftlinge aus ihren armseligen Betten und eskortierte sie zum Bahnhof. Es gab so geschwächte Gestalten, daß sie von den Leidensgenossen zu den Waggons getragen werden mußten. Die Fahrt ging zurück nach Mauthausen, vielleicht zum nahen Tode."[352]

Schon in St. Pölten geriet die Fahrt ins Stocken, da die Gleisanlagen völlig zerstört waren.[353] Die Häftlinge mussten unter Aufsicht der SS-Wachen zu Fuß weiter gehen und verbrachten die erste Nacht zwischen St. Pölten und Krems im Freien. Auch die Nacht vom zweiten auf den dritten April mussten die Häftlinge bei Minusgraden bis 20 Grad, Schnee und nur mit ihren dünnen, gestreiften Anzügen bekleidet im Freien verbringen.[354] Am Abend des 3. April 1945 erreichte der Marsch das Gefängnis Krems/Stein.

"Further on we came to Krems, they chased us into a prison. And we all were given something to eat – jail-food. Jail food for a prisoner for a common criminal, that was a lot better than ours. That was a nice bowl of good soup. That was good. They say that jail food isn't good but believe me that jail food was good. I remember, that getting one onion and I was hungry I ate it. Don't talk to me about onions today, raw onions just forget it." [355]

Im Gefängnis war allerdings nicht für alle Häftlinge Platz, weshalb viele abermals draußen schlafen mussten.[356] Nachdem sie neuerlich etwas Marschverpflegung bekommen hatten, wurde der Rücktransport fortgesetzt:

„Unser Lagerführer im Rang eines Oberscharführers war so menschlich, dass er für jene, die nicht marschieren konnten einen Bauernwagen beschlagnahmt hat und hinter Stein hat er dann einen Zug angehalten und die Zivilbevölkerung musste zwei Waggons räumen." [357]

Während Henryk Czeslaw Bilski berichtete, dass er Mauthausen am 6. April erreicht hat,[358] deutet eine Veränderungsmeldung des KZ Mauthausen jedoch darauf hin, dass der Transport bereits am 4. April 1945 das Hauptlager erreichte.[359]

Wie viele Häftlinge während des viertägigen Rücktransportes über rund 150 Kilometer umgekommen sind, lässt sich nicht mit Sicherheit sagen. Edmund Aschik,[360] Häftling in St. Aegyd, berichtete, dass acht bis zehn Häftlinge von unbekannten SS-Männern erschossen worden seien, weil sie mit der Kolonne nicht Schritt halten konnten.[361] Zwei Häftlinge sollen von Lagerführer Auerswald und anderen unbekannten SS-Wachen erschossen worden sein weil sie sich geweigert hatten, während eines Fliegerangriffes in Deckung zu gehen, wie Kurt Fischer[362] zu Protokoll gab.[363] Einem Aktenvermerk von Hans Maršálek ist hingegen zu entnehmen, dass insgesamt vier Häftlinge auf dem Weg von St. Aegyd nach Mauthausen verstorben sein sollen, keines der Todesopfer sei aber erschossen worden.[364] Auch Rajmund Pajer kann sich nicht an Erschießungen, sehr wohl jedoch an verstorbene Häftlinge während des Rücktransportes erinnern:

"On the way some guys died and we never picked the bodies up. They collapsed from exhaustion and hunger or being sick." [365]

Einige Häftlinge, die von dem langen Marsch noch nicht vollständig ausgezehrt waren, nahmen ihre letzten Kräfte zusammen und suchten ihr Heil in der Flucht:

"We arrived somewhere near Enns and we were on foot again. When we crossed from Enns over to Mauthausen over the Danube you know its a steel

bridge near Mauthausen. And that was when some of our guys jumped to the water."[366]

Letzte Kriegstage in St. Aegyd

Während der überwiegende Teil der in St. Aegyd stationierten SS-Männer schon am 1. April 1945 im Zuge der Lagerräumung den Ort verließ, blieben einige zurück. So auch Rapportführer Anton Perschl, der nach eigenen Aussagen erst einige Wochen nach dem Einmarsch der Roten Armee[367] St. Aegyd verließ.[368] Drei weitere SS-Männer, die ebenfalls noch in St. Aegyd stationiert waren, versuchten Mitte April zu desertieren:

„Auch SS-Männer des Karitashauses wollten ‚abhauen' und machten sich aus dem Staube. Bei der sofortigen Streifung wurden die Ausreißer leider aufgegriffen, vor ein ‚Offiziersgericht' gestellt und als Fahnenflüchtige zum Tode verurteilt."[369]

Die verhängten Todesurteile wurden am 17. bzw. 21. April vollstreckt, 1948 wurden die sterblichen Überreste der namentlich nicht bekannten SS-Männer von der Gemeinde auf dem Heldenfriedhof beerdigt.[370] Etwa zur selben Zeit wurde das ehemalige Schutzhaftlager in ein Lazarettlager umfunktioniert und diente während der letzten Kriegshandlungen der Versorgung verwundeter Soldaten aus der *„Gutensteiner- und Semmeringgegend"*.[371] Insgesamt 62 ehemalige deutsche Wehrmachtsangehörige wurden später auf dem so genannten St. Aegyder Heldenfriedhof bestattet,[372] später wurden die Heldengräber exhumiert und die sterblichen Überreste auf den Oberwölblinger Soldatenfriedhof überstellt.[373]

Noch im Mai 1945 wurden, basierend auf dem „Staatsgesetzblatt Nr. 3 v. 28.5.1945", in St. Aegyd zahlreiche Unternehmen beschlagnahmt und öffentlicher Verwaltung unterstellt. Das ehemalige KZ-Lager war von dieser Regelung ebenfalls betroffen:

„Am 22.5.1945 wurde die Kraftfahrtechnische Lehranstalt der Waffen-SS in St. Aegyd a.N. (Barackenlager ohne Maschinen) beschlagnahmt. Begründung: Staatseigentum ohne Verwaltung. Als öffentliche Aufsichtsperson und Verwalter wurde Herr Walter Walch bestimmt."[374]

Auch der Betrieb der Firma Schmidt & Junk wurde am selben Tag beschlagnahmt.

„Ist ein Wiener Betrieb, Unternehmer sind geflohen. Weiters wurde kein Übernahmeberechtigter vorstellig. Als öffentlicher Verwalter wurde Herr Walch bestimmt. [...] Mit heutigem Datum tritt die Beschlagnahme des Material- und Warenlagers der Firma Schmidt und Jung [sic], sowie sämtliche Anlagen

und Materialien und sonstigen Gegenständen des Staates (SS-Verfügungstruppe) in Kraft."[375]

Neben dem ehemaligen KZ-Lager und dem Betrieb der Firma Schmidt & Junk wurde auch das Unternehmen Stephansdach als „zur Hälfte arisierter Betrieb" beschlagnahmt. Der Besitzer der Firma, der in Düsseldorf geborene Heinrich Stephan, wurde deshalb am 18. Juli 1945 ins Anhaltelager Lilienfeld überstellt, von wo er aber flüchteten konnte.[376]

Die katholische Kirche als eigentlicher Besitzer der Grundstücke, auf denen sich das KZ-Außenlager St. Aegyd befand, versuchte noch während des Krieges, von der SS eine Entschädigung zu erhalten. Der St. Aegyder Pfarrer Franz Kaubeck war bei der örtlichen NSDAP alles andere als beliebt, wie eine „politische Beurteilung" des Pfarrers zeigt:

„Er ist natürlicher Gegner des Nationalsozialismus, macht sich in der Öffentlichkeit nichts zu schaffen, spinnt wohl gut getarnt vom Pfarrhause aus unter Beihilfe uns bekannter Helfer seine Fäden und hält so seinen giftigen einflussbereich [sic], den man öfter zu stören glaubt, die greifbare Masse immer wieder entgleitet, aufrecht."[377]

Kaubeck wandte sich am 29. Dezember 1944 zunächst an die SS, um für die Benutzung des Pfarrgrundstückes und des Pfarrwaldes eine Entschädigung zu fordern.[378]

„Der im Auftrag der ehemaligen Bezirksbehörde vorgelegte Vergütungsanspruch auf Pachtzins und Schadenersatz ist seitens der Waffen SS unbeantwortet und erfolglos geblieben."[379]

Da der Versuch, sich an der SS schadlos zu halten, nicht fruchtete, richtete Kaubeck seine Forderung schließlich an das örtliche Bürgermeisteramt. Insgesamt forderte er im Namen der katholischen Kirche Schadensersatz in der Gesamthöhe von 9250,- Schilling. Ein Großteil dieser Entschädigung, genau waren es 6250,- Schilling, entfielen auf die „*mehr als 250 fm³ im Pfarrwalde geschlägertes Holz*", insgesamt 3000,- Schilling forderte Kaubeck für „*Instandsetzung der durch Erdbewegung und Betonfundamente stark beschädigten Wiesenflächen*". Darüber hinaus sollte auch der „*in Ausfall gekommene Pachtschilling (ca 6 ha Grundfläche)*" vergütet werden,[380] wofür Kaubeck 300,- Schilling in Rechnung stellte. Dass die Gemeinde die errichteten Holzbauten bereits „*größtenteils entfernt und veräußert*" habe, nahm der Pfarrer dankbar zur Kenntnis. Was allerdings bleibe, seien die „*großenteils schwer beschädigten Grundstücke, die doch ehemöglichst wieder bewirtschaftet werden sollen*".[381] Darüber hinaus ersuchte der St. Aegyder Pfarrer die Gemeinde, einen „Vereinbarungsmodus" für

die durch Errichtung der „Kriegsfriedhöfe" weggefallenen Grundstücksteile vorzuschlagen. Einer dieser Grundstücksteile ist der heutige KZ-
Friedhof, auf dem bereits 1945 ein einfaches Holzkreuz errichtet wurde.

Abb. 21: Erinnerungskreuz auf der KZ-Gedenkstätte St. Aegyd am Neuwalde mit dem ehemaligen Häftling Rajmund Pajer, 2007.

XI. NIEMALS VERGESSEN?

Nach dem Kriegsende wurde ein KZ-Friedhof errichtet. Jener Bereich, in dem die Todesopfer verscharrt waren, wurde mit einem Kreuz versehen. In einem Gemeindeprotokoll wurde im Dezember 1945 diesbezüglich vermerkt:

> *„Den rund 100 Opfern des Kazetts [sic] musste ihre letzte Ruhestätte gebührend errichtet, und durch ein großes Mahnkreuz verewigt sein."*[382]

In den ersten Jahren nach dem Zweiten Weltkrieg wuchs dann allerdings recht bald Gras über das ehemalige Außenlager, sowohl im wörtlichen wie auch im übertragenen Sinne. Die Baracken wurden von der Gemeinde abmontiert und verkauft,[383] das Lagerareal fiel zurück an die Kirche, die es in Bauparzellen aufteilte. Bald erinnerten nur noch die betonierten Grundfesten, auf denen einst die Holzbaracken standen, an das Lager. Doch auch diese wurden entfernt und neue Häuser errichtet. Die Betonsockel mussten zwar in mühsamer Handarbeit zertrümmert werden, letztlich konnten die „Häuslbauer" davon aber sogar profitieren, denn *„sie haben sich praktisch den Schotterzukauf und Sandzukauf erspart weil sie das selber aus dem Grund nehmen konnten"*[384]. Schon nach wenigen Jahren erinnerte abgesehen vom Gedenkkreuz nichts mehr an das ehemalige KZ-Lager.

Die Suche nach ehemaligen KZ-Häftlingen zog sich hingegen noch bis in die 60er-Jahre. Rotes Kreuz und verschiedene Regierungsstellen aus Polen[385], Frankreich[386] und Italien[387] stellten mehrmals Nachforschungen bezüglich ehemaliger Häftlinge an und standen deshalb regelmäßig mit der Gemeinde St. Aegyd in Kontakt. Neben staatlichen Stellen interessierten sich aber auch Häftlingsorganisationen für das Lager St. Aegyd. Ihnen ging es ebenfalls darum, herauszufinden, welche ihrer Landsleute möglicherweise in St. Aegyd inhaftiert gewesen waren. Darüber hinaus stand aber auch die Frage im Raum, ob den verstorbenen Häftlingen auch in würdiger Form gedacht würde. Auf eine diesbezügliche Anfrage der ANED[388] vom 24. Juni 1964 antwortete die Gemeinde St. Aegyd am 30. Juli 1964:

> *„Die Marktgemeinde St. Aegyd a. Neuwalde pflegt und erhält die Kriegsgräber und den KZ-Friedhof und findet jährlich zu Allerheiligen auch jedes Mal eine Trauerfeier mit Kranzniederlegung statt."*[389]

Lange Jahre wurde der St. Aegyder KZ-Opfer lediglich im Rahmen der Allerheiligen-Feierlichkeiten gedacht. Erst Mitte der 80er-Jahre bildete

123

Abb. 22: Gedenkstein auf der KZ-Gedenkstätte St. Aegyd am Neuwalde mit dem ehemaligen Häftling Henryk Czeslaw Bilski.

sich schließlich eine ehrenamtliche Initiative, die eine eigene Gedenkfeier für die Opfer des KZ-Lagers St. Aegyd veranstaltete. Seither findet der Marsch zur Gedenkstätte jährlich statt. Im Rahmen dieser Feier wurden beispielsweise die Wanderausstellungen „Gib den Opfern einen Namen" und „Wir hatten noch gar nicht angefangen zu leben" vorgestellt. Mit Heinz Apenzeller war auch einmal ein ehemaliger St. Aegyder Häftling zu Besuch und erzählte von der Zeit seiner Inhaftierung im KZ. Auch der Buchautor Hans-Henning Scharsach[390] besuchte St. Aegyd und hielt im Rahmen der Gedenkfeier eine Lesung aus seinem Buch „Europas Populisten".[391] Im Jahr 1988 wurde dem einfachen Holzkreuz auf Initiative der Gemeinde St. Aegyd und unter Mithilfe der Gedenk-Initiative ein Gedenkstein beigefügt, der dem Andenken an *„80 UNBEKANNTE KZ-LER KRIEGSOPFER 1940–1945"* gewidmet ist.[392] Auch Henryk Czeslaw Bilski kam im selben Jahr nach St. Aegyd, um die Gedenkstätte zu besuchen.[393] Im Gemeindeblatt „St. Aegyder Nachrichten" wurde auf die Enthüllung des Gedenksteines ebenfalls Bezug genommen:

„Im Gedenken an die vielen Opfer des NS- Regiemes [sic] im KZ wurde über Anregung der SPÖ-Bezirksorganisation am Samstag, dem 12.

März 1988 ein Gedenkstein aus Mauthausener Marmor, versehen mit einer Gedenktafel, auf dem KZ-Friedhof in St. Aegyd enthüllt.“[394]

Der jährliche Schweigemarsch in St. Aegyd am Neuwalde wurde zunächst nicht mit der Lagergemeinschaft Mauthausen koordiniert, sondern entsprang einer regionalen Initiative des Bezirks-ÖGB. Erst Erwin Rabl, bis Ende 2007 hauptverantwortlich für die Organisation des Marsches, trat mit dem „Mauthausen Komitee Österreich“ (MKÖ)[395] in Kontakt. Das MKÖ unterstützte die Initiative in der Vergangenheit mit kleineren Beträgen, so wurde beispielsweise der Kranz, der jährlich niedergelegt wird, vom MKÖ finanziert.[396] Auch für die zukünftige Arbeit der St. Aegyder Gedenkinitiative hatte sich Rabl, der seine Agenden inzwischen aber an die SPÖ-Bezirksorganisation übergeben hat, viel vorgenommen. Bislang ist allerdings weder sein Wunsch nach einer Vereinsgründung realisiert,[397] noch sein Bestreben, die Initiative auf eine überparteiliche Basis zu hieven.[398]

XII. FORSCHUNGSERGEBNISSE

Das Außenkommando St. Aegyd diente nicht der Serienproduktion von Rüstungsgütern. Im Gegensatz zu Melk, wo das Industrieunternehmen Steyr-Daimler-Puch zur Erzeugung von Kugellagern mit Häftlingen „versorgt" wurde, oder Wiener Neustadt, wo Häftlinge für das Unternehmen Henschel Raketen bauen mussten, trat in St. Aegyd keines der großen Rüstungsunternehmen als Auftraggeber in Erscheinung. Stattdessen diente das Lager den Versuchszwecken der Waffen-SS, konkret der „kraftfahrtechnischen Lehranstalt" Wien, die im Auftrag des SS-Wirtschafts-Verwaltungs-Hauptamtes an der Entwicklung eines Panzers mit Turboantrieb arbeitete. Diese Art des Antriebes hatte sich in der Flugzeugindustrie bewährt und sollte nun auch hier zur Anwendung gebracht werden. Dem Außenlager St. Aegyd hätte in diesem Zusammenhang vermutlich die Aufgabe zufallen sollen, die in Wien entwickelten Prototypen auf ihre Tauglichkeit zu testen. Denn nur wenige Tage nachdem die KTL-Wien mit der neuen Aufgabe betraut wurde, veranlasste die in Wien-Schönbrunn ansässige „Gruppe Versuchsbau der Waffen-SS" mit dem Decknamen „Alfred" die Beschlagnahmung von mehreren Grundstücken in St. Aegyd am Neuwalde zum Zweck der Errichtung eines weiteren Mauthausen-Außenlagers. Auch die offizielle Bezeichnung des Lagers St. Aegyd – „kraftfahrtechnische Versuchsanstalt" – lässt vermuten, dass hier die in Wien entworfenen Prototypen ersten Tests unterzogen werden sollten. Die für den Lageraufbau benötigten Häftlinge und Wachmannschaften wurden vom Hauptlager Mauthausen zur Verfügung gestellt.

Das KZ-Außenlager St. Aegyd am Neuwalde war in den Reihen der Mauthausen-Häftlinge als eines *„der besseren Lager"* bekannt.[399] Die Hoffnung, aufgrund der kriegswichtigen Funktion dieses Außenkommandos etwas leichtere Lebensbedingungen vorzufinden als in Mauthausen, stellte sich aber für die Häftlinge, insbesondere für die ausländischen, als Trugschluss heraus. Ein Vergleich mit anderen Nebenlagern zeigt, dass St. Aegyd vor allem in den ersten drei Monaten seiner Existenz eines der schlimmsten österreichischen Außenlager überhaupt war. Kamen beispielsweise in der „Serbenhalle" in Wr. Neustadt zwischen Juli 1944 und 31. Januar 1945 bei einem Häftlingshöchststand von 697 Männern[400] „nur" sechs Häftlinge ums Leben[401], so waren es in St. Aegyd allein zwischen 2. November 1944 und 31. Januar 1945 37 (Häftlings-höchststand 303 Männer). Die Todesrate lag in St. Aegyd im November (3,97 %) und Dezember (7,14 %) 1944 nur unwesentlich unter jener des Konzentrationslagers Melk (5,53 % bzw. 7,7 %).[402]

Ebenso wie in Mauthausen und den meisten Außenlagern herrschten in St. Aegyd SS-Wachen gemeinsam mit einer kleinen Gruppe privile-gierter, meist deutschsprachiger Häftlingsfunktionäre uneingeschränkt über die große Mehrheit der Lagerinsassen. Während allerdings im Hauptlager zumindest in den letzten Kriegsmonaten teilweise politische Häftlinge die Macht unter den Häftlingsfunktionären an sich rissen, bestand die Lageraristokratie in St. Aegyd zur selben Zeit großteils aus kriminellen Häftlingen. Indem ihnen die SS bessere Lebensbedingungen in Aussicht stellte, machte sie die Kapos zu willfährigen Vollstreckern ihres Systems, spielte Häftlingsgruppen untereinander aus und schürte so den Hass. Die Kombination von SS-Terror außerhalb und Kapo-Ter-ror innerhalb des Stacheldrahtes kostete vielen Häftlingen das Leben. Die polnischen Schutzhäftlinge stellten die überwältigende Mehrheit der Todesopfer und der Arbeitsunfähigen in St. Aegyd. Deutschsprachige Inhaftierte kamen vergleichsweise glimpflich davon. Generell hatten all jene einen entscheidenden Vorteil, die sich im Rahmen ihres jeweiligen Arbeitseinsatzes sprachlich verständigen konnten.

Obwohl die SS-Bauleitung mehrfach darauf hingewiesen hatte, dass das Lager in St. Aegyd eine kriegswichtige Aufgabe zu erfüllen hätte, schreckten Wachleute und Kapos vor Misshandlungen oder Mord nicht zurück. Dass sich dadurch der Arbeitsauftrag verzögerte, wurde in Kauf genommen. Am Auslöschen der als „minderwertig" angesehenen Exis-tenzen fanden SS-Männer wie etwa der Berufskraftfahrer Anton Perschl oder der Textilarbeiter Willi Auerswald gleichermaßen Gefallen wie Toni „der Lahme", der als Kapo in St. Aegyd gefürchtet war. Den Bewachern waren keinerlei Grenzen gesetzt, Konsequenzen mussten nicht gefürch-tet werden. Das nationalsozialistische System duldete dieses Vorgehen nicht nur, es war sogar erwünscht. Alles, was der NS-Ideologie nicht ent-sprach oder gar widersprach, galt als wertlos und musste vernichtet wer-den. Der Tod wurde in diesem System auf vielfältigste Weise herbeige-führt. Sei es durch die Strapazen des Arbeitseinsatzes, Misshandlungen, oder drakonische Strafen wegen angeblicher Vergehen. Wer nicht durch die Hand eines SS-Mannes oder eines Lagerfunktionärs getötet wurde, starb entweder durch Nahrungsmangel, unbehandelte Verletzungen, oder die schreckliche Kombination aus permanenten Minustemperaturen und dünner Leinenbekleidung.

In einem der „besseren Lager" des Mauthausener KZ-Systems kamen binnen fünf Monaten zumindest 46 Männer auf großteils ungeklärte Weise ums Leben, nahezu ein Drittel war innerhalb weniger Wochen arbeitsunfähig und deshalb für den Arbeitseinsatz unbrauchbar. Dass unter derartigen Zuständen der Aufbau der geplanten Kfz-Versuchseinrichtungen schleppend voran ging, vermag kaum zu verwundern. Der ständige Häftlingsmangel war für die SS-Bauleitung in St. Aegyd immer wieder Grund zur Klage. Konkrete Maßnahmen, die einer Verbesserung der Lebensbedingungen und somit einer Steigerung der Arbeitsleistung hätten dienen können, wurden dennoch nicht gesetzt.

Die schrecklichen Zustände, die in St. Aegyd herrschten, mögen eine Erklärung dafür sein, dass in der unmittelbaren Nachkriegszeit jahrzehntelang kein Interesse an einer kritischen Aufarbeitung der Geschehnisse bestand. Die beiden Volksgerichtsprozesse gegen den SS-Rapportführer Anton Perschl endeten, was den Vorwurf des Mordes an dem Kapo Vinzenz Cellbrodt betrifft, mit einem Freispruch. Im Falle von Häftlingsmisshandlung und verspäteter Registrierung seiner NSDAP-Mitgliedschaft kam er mit einer Haftstrafe von nur sieben Monaten davon. Auch wenn die Forschungsstelle Nachkriegsjustiz den österreichischen Volksgerichten im allgemeinen *„eine im internationalen Vergleich beachtliche Leistung zur Ausforschung und Aburteilung von NS-Tätern"* zugesteht,[403] so kann dies nicht für die beiden Prozesse gegen Perschl gelten. Sieben Monate Haft, die bereits am Tage der Urteilsverkündung durch die Untersuchungshaft abgesessen waren, können nicht als adäquate Strafe angesehen werden. Besonders fragwürdig ist in diesem Zusammenhang die Tatsache, dass die Schöffen offensichtlich eher der Schutzbehauptung Perschls Glauben schenkten als den befragten Zeugen. Einem von mehreren Zeugen erhobenen Bestechungsverdacht wurde gar nicht erst nachgegangen.

Lagerführer Willi Auerswald wurde wegen seiner Verbrechen in den Außenlagern Steyr und St. Aegyd von einem US-Gericht zunächst zum Tode verurteilt. Später wurde seine Strafe in lebenslangen Kerker umgewandelt, bereits im April 1955 kam er aber unter strengen Auflagen frei. Auerswald, der an der Spitze der Hierarchie im Schutzhaftlager stand, wurde von den zuständigen Richtern die Verantwortung für die Verhältnisse in St. Aegyd zugewiesen. Wenn man bedenkt, dass während der rund fünf Monate, in denen Auerswald als Lagerführer in St. Aegyd das Kommando hatte, mindestens 46 Männer starben und Hunderte gequält wurden, erscheint die tatsächlich abgesessene Haft von rund 10 Jahren zu gering.

Weitere Ermittlungsverfahren der Staatsanwaltschaft München und der Staatsanwaltschaft St. Pölten in den 60er- und 70er-Jahren förderten zwar eine Vielzahl an konkreten Verdachtsmomenten gegen mehrere SS-Angehörige zutage. Mehr als 20 Jahre nach Kriegsende konnten allerdings keine Verdächtigen mehr ausgeforscht werden, und so mussten die Ermittlungen eingestellt werden. Während die Justiz die Verbrechen von St. Aegyd zumindest zum Thema machte, fand eine kritische Auseinandersetzung mit dem Geschehen vor Ort nicht statt. Wer sich nicht gezielt auf die Suche nach der kleinen Gedenkstätte auf dem katholischen Friedhof macht, wird in St. Aegyd auch heute noch keinerlei Hinweis auf das KZ finden. Binnen weniger Wochen wurden die Baracken abgerissen, der Stollen zugeschüttet und das ehemalige Lagerareal in kleine Baugrundstücke zerteilt und veräußert. Dass die Bewohner der Pfarrsiedlung noch heute eine Zufahrtsstraße benutzen, die einst durch Häftlingszwangsarbeit entstand, ist wohl kaum jemandem bewusst. Selbst jenen Einwohnern, die politisch und geschichtlich interessiert sind, dürfte nicht klar sein, dass vieles von der lokalen Infrastruktur vor langer Zeit mit dem Blut vieler KZ-Häftlinge bezahlt wurde.

Wo es dem Image des Ortes nutzte, wurden lokale und regionale Printmedien bemüht, damit sie über die „guten Menschen" von St. Aegyd berichteten. Der Fall des ehemaligen Häftlings Antonio Bellina[404] wurde in der Lokalpresse als flammendes Beispiel dafür abgedruckt, wie gütig und selbstlos die St. Aegyder sich den KZ-Häftlingen gegenüber verhalten hätten.[405] Dass es allerdings auch Regime-Befürworter in St. Aegyd gab, wurde stets geflissentlich verschwiegen. Nur hinter vorgehaltener Hand wird im Ort beispielsweise von Leo Frank erzählt, der vom St. Aegyder SS-Organisationsleiter und „fanatischen Anhänger Hitlers" Viktor Blumreisinger denunziert und kurz darauf nach Dachau deportiert wurde.[406]

Was die konkrete Erinnerungspolitik betrifft, so drängt sich einem der Verdacht auf, sie sei eine lästige Pflicht. Was fehlt, ist jegliche Auseinandersetzung mit der Frage, ob auch die örtliche Bevölkerung Schuld trifft. In diesem Zusammenhang war die Gründung der Gedenk-Initiative in St. Aegyd ein Schritt in die richtige Richtung. Im Sinne einer umfangreicheren Erinnerungstätigkeit wäre es allerdings wünschenswert, wenn sich die Initiative öffnen würde, um eine breitere Basis in der Bevölkerung zu schaffen, die sich aktiv an Gedenkarbeit beteiligt.

P 106420

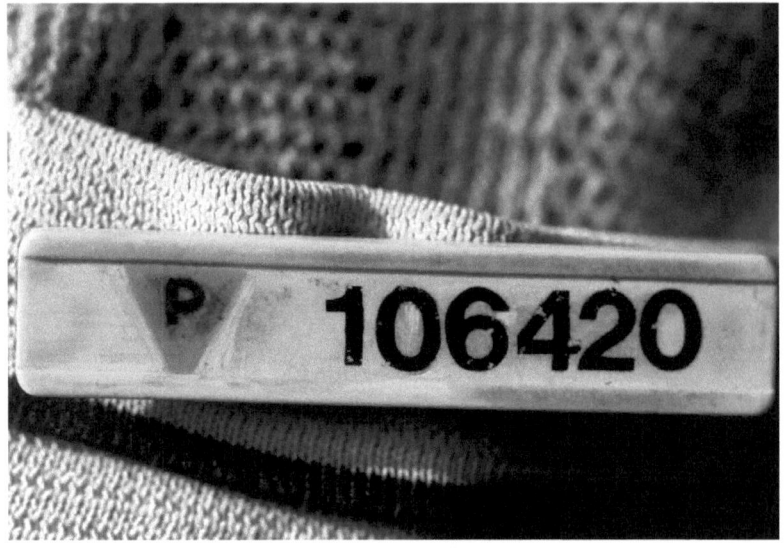

Abb. 23: Häftlingsnummer und Winkel des ehemaligen Häftlings Henryk Czeslaw Bilski.

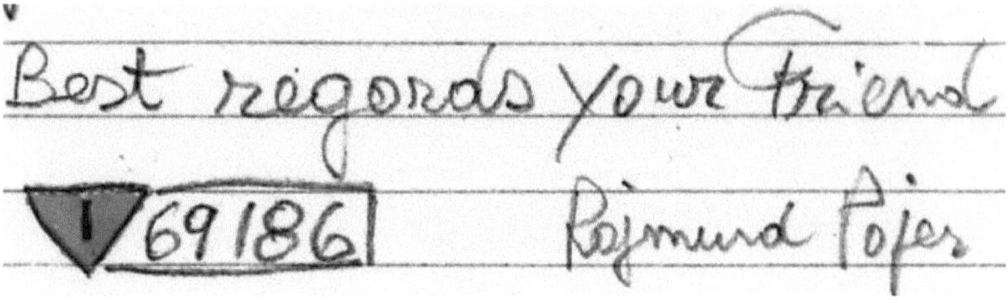

Best regards your friend
69186
Rajmund Pajer

Abb. 24: Häftlingsnummer, Winkel und Unterschrift des ehemaligen Häftlings Rajmund Pajer.

ANHANG

Biografien ehemaliger St. Aegyder Häftlinge

Heinz APENZELLER wurde am 25. April 1918 in Wien geboren und war zwischen 21. Februar 1945 und 1. April 1945 in St. Aegyd inhaftiert. Er trug die Häftlingsnummer 118521. Apenzeller war politischer Häftling und wurde zunächst nach Auschwitz deportiert. Von dort wurde er nach Mauthausen und später nach St. Aegyd am Neuwalde überstellt. Auf der Zugfahrt nach St. Aegyd lernte Apenzeller den SS-Mann Anton Perschl kennen und war in St. Aegyd als dessen persönlicher Diener („Putz") beschäftigt. Kommerzialrat Heinz Apenzeller war über viele Jahre Vorstandsmitglied des Österreichischen Mauthausen Komitees.[407] Er ist im Jahr 2007 verstorben.

Henryk Czeslaw BILSKI wurde am 11. Juli 1924 in Posen geboren und war vom 21. Februar 1945 bis zur Auflösung des Lagers am 1. April 1945 in St. Aegyd inhaftiert. Er war ein politischer Häftling aus Polen und trug die Häftlingsnummer 106420. Nach dem Krieg wanderte Bilski nach Belgien aus. Vom 20. Juli bis 3. August 1983 verbrachte er bereits das fünfte Mal seinen Urlaub in St. Aegyd.[408] Im Rahmen dieses Aufenthaltes verzeichnete er auf mehreren Plänen die Standorte von Baracken und Arbeitskommandos in St. Aegyd. Darüber hinaus lieferte er detaillierte Maßangaben und maßstabsgetreue Pläne der Baracken. Alle Unterlagen und Pläne, welche in dieser Arbeit zitiert werden, befinden sich als Kopien im Besitz des Autors. Die Originale sind im Besitz der Familie Wenzel aus St. Aegyd.[409]

Rajmund PAJER wurde am 24. Januar 1930 in Triest geboren und war zwischen 21. Februar 1945 und 1. April 1945 in St. Aegyd inhaftiert. Bereits im Alter von 14 Jahren wurde Pajer von slowenischen Partisanen zwangsrekrutiert und geriet in Gefangenschaft. Als jüngster aller St. Aegyder Häftlinge trug er die Nummer 69186 und war zwischen seinen Aufenthalten in Mauthausen in den Außenkommandos Klagenfurt-Lendorf und St. Aegyd. Rajmund Pajer lebt derzeit in Montreal, Kanada.[410] Im Herbst 2007 besuchte er erstmals die Gedenkstätte in St. Aegyd am Neuwalde.

133

Biografien von St. Aegyder Zeitzeugen

Friedrich ENK wurde am 15. Februar 1934 geboren und arbeitete bis zu seinem Ruhestand 1994 als Gemeindesekretär auf dem Gemeindeamt St. Aegyd. Enk wuchs auf einem Bauernhof in unmittelbarer Nähe des KZ St. Aegyd auf. Da die Schule direkt an das KZ-Lager angrenzte, führte ihn auch sein Schulweg täglich am Areal vorbei. Darüber hinaus besaß sein Vater schon damals einen Traktor und musste deshalb häufig Transporte für die SS-Bauleitung durchführen.[411]

Franz HÖLZL wurde am 22. Mai 1930 geboren und arbeitete nach dem Ende des Zweiten Weltkrieges als Mesner in der katholischen Kirche und bei der Holzverarbeitungsfirma Stephansdach. Bis zu seinem Ruhestand arbeitete Hölzl in St. Aegyd als Volks- und Hauptschullehrer. Hölzl lebte direkt neben dem Lagergelände und war mit der Situation der Häftlinge nahezu täglich konfrontiert.[412]

Rosa MANTAI wurde am 21. August 1923 geboren. Sie musste als Dienstverpflichtete im Karitashaus von St. Aegyd in der Küche aushelfen. Während dieser Zeit erlebte sie die SS aus nächster Nähe. Mantai lebte während der NS-Zeit im Kaffeehaus Vogelleitner in St. Aegyd, welches aufgrund seiner zentralen Lage häufig von der SS frequentiert wurde.[413]

Expertenbiografie

Erwin RABL wurde am 27.3.1950 geboren und war bis Ende 2007 als Sekretär beim ÖGB-Bezirkssekretariat in Lilienfeld tätig. Über 15 Jahre lang organisierte Rabl jährlich den Gedenkmarsch in St. Aegyd, ehe er die Agenden nach seiner Pensionierung an die SPÖ übergab. Er war als Vertreter der St. Aegyder Gedenk-Initiative Mitglied des Mauthausen Komitees Österreich.[414]

Anmerkungen

1   Als Überblickswerk über den Mauthausen-Komplex empfiehlt sich der Sammelband: Wolfgang *Benz,* Barbara *Distel* (Hg.), Der Ort des Terrors. Geschichte der nationalsozialistischen Konzentrationslager. Band 4. Flossenbürg, Mauthausen, Ravensbrück. (München 2006). Darin finden sich Kurzdarstellungen der Geschichte des KZ Mauthausen und seiner Außenlager, verfasst von Bertrand Perz und Florian Freund.

2   Hans *Maršálek,* Die Geschichte des Konzentrationslagers Mauthausen. Dokumentation. (2. Auflage, Wien 1980).

3   Bertrand *Perz,* Projekt Quarz. Steyr-Daimler-Puch und das Konzentrationslager Melk. (Wien 1990).

4   Florian *Freund,* Arbeitslager Zement. Das Konzentrationslager Ebensee und die Raketenrüstung. (Wien 1989).

5   Florian *Freund*/Bertrand *Perz,* Das KZ in der Serbenhalle. Zur Kriegsindustrie in Wiener Neustadt. (Wien 1988).

6   Gisela *Rabitsch,* Konzentrationslager in Österreich (1938–1945). Überblick und Geschehen. (Dissertation, Wien 1967).

7   http://www.bundesarchiv.de.

8   U.S. National Archives and Records Administration. http://www.archives.gov.

9   NARA, Record Group 549, Records of U.S. Army Europe, War Crimes Branch (Case file 000-50-5-8).

10   http://www.dsp.at/dasp.

11   S. Anhang, „Expertenbiografie".

12   S. Anhang, „Biografien ehemaliger St. Aegyder Häftlinge" und „Biografien von St. Aegyder Zeitzeugen".

13   Brief von Rajmund Pajer vom 11.8.2005, Original im Besitz des Autors.

14   Interview mit Henryk Czeslaw Bilski, geführt von Heinrich Wenzel, 1983; Kassetten-Kopie und Transkription im Besitz des Autors.

15   Interview mit Friedrich Enk, 15.3.2005, St. Aegyd am Neuwalde; geführt und transkribiert von Christian Rabl.

16   BArch Berlin, NS 33/233. Schreiben des Kommandos der Waffen-SS in Berlin-Wilmersdorf vom 21.8.1940.

17   BArch Berlin, NS 33/233. Schreiben des SS-Führungshauptamtes in Berlin vom 5.12.1940.

18   Ebd.

19   BArch Berlin, NS 33/207. Rundschreiben Nr. 27/43 der NSDAP vom 16.11.1943.

20 Ebd.

21 BArch Berlin, NS 33/160. Brief des SS-Führungshauptamtes in Berlin-Wilmersdorf, 22.9.1942.

22 MA Freiburg, RS/5, 459. Tätigkeitsbericht der kraftfahrtechnischen Lehranstalt der Waffen-SS, Außenstelle „Alfred", 1.2.1945.

23 Ebd.

24 Ebd.

25 In einem Brief an seinen Neffen August Schmöller vom 26.5.1944 (Schauberger-Archiv, Bad Ischl) beschreibt Schauberger seine alternative Antriebstechnologie wie folgt: „Dasjenige, das die drei Häftlinge nun konstruieren und zeichnen, ist also, als sogenannte Repulsine, die Maschine, mit der man aus wässrigen oder luftförmigen Organismen molekulare Geschiebestoffe so zerreiben und vermahlen kann, wie naturrichtig regulierte Flussläufe ihre mitgeführte Wegzehrung an gegenläufigen Bremswiderständen zerreiben und damit dasjenige entsargen, in dem das ‚Weise' steckt, wie unsere Altvorderen das ‚Erdgeistige' nannten, das als edelster Fruchtstoffwert die Sonnenabfallstoffe verzehrt, wenn katalysatorische Miteinflüsse diesen Befruchtungs- oder Urzeugungsvorgang unterstützten."

26 René *Freund*, Land der Träumer. Zwischen Größe und Größenwahn – verkannte Österreicher und ihre Utopien. (Wien 1996). S. 192.

27 Schauberger-Archiv Bad Ischl. Aktennotiz von Viktor Schauberger, Leonstein, 10.5.1945.

28 Ebd.

29 Ebd.

30 Anm.: Der am 26.3.1901 in Traun geborene Schmöller engagierte sich bereits seit Ende des 1. Weltkrieges für die Nationalsozialisten und trat am 2.7.1932 der NSDAP bei. Unmittelbar nach dem Anschluss avancierte der Architekt zum vielbeschäftigten Funktionär. Er wurde 1939 zum Leiter der Abteilung V-Bauwesen beim Reichsstatthalter in Oberdonau ernannt, 1940 folgte die Ernennung zum Regierungsdirektor und schließlich 1944 avancierte er zum Oberregierungsbaudirektor. (OÖLA, Personalakt August Schmöller der OÖ Landesregierung, Sch. 211, Nr. 3596 bzw. OÖLA, Sondergerichte Linz, Sch. 256, Volksgerichtsakt 1957).

31 Schauberger-Archiv. Brief von Viktor Schauberger an „Gustl" (August Schmöller), 30.4.1944.

32 Schauberger-Archiv. Brief von Viktor Schauberger an August Schmöller, 2.3.1945.

33   Schauberger-Archiv Bad Ischl. Viktor *Schauberger,* Die Entdeckung der
      Levitationskraft. (unveröffentlichtes Manuskript, Salzburg 1949). S. 32.
      In einer Aktennotiz vom 10.5.1945 nennt Schauberger den 20.4.1944 als
      Zeitpunkt seiner Überstellung nach Mauthausen.

34   Anm.: Bei Dr. Ing. Wolfgang zu Putlitz (*1885) handelt es sich nicht, wie
      fälschlicherweise von Siegbert Lattacher in seiner Schauberger-Biografie
      „Viktor Schauberger. Auf den Spuren des legendären Naturforschers. (Steyr,
      1999)" auf Seite 108 behauptet, um den gleichnamigen deutschen
      Diplomaten Wolfgang Gans Edler Herr zu Putlitz. Dieser war bereits 1940
      nach London geflüchtet. Bei dem in der KTL-Wien inhaftierten Putlitz
      handelt es sich um einen weitschichtigen Verwandten des Diplomaten. Vgl.:
      Bertrand Perz, Wien-Schönbrunn (S. 455–457). In: Wolfgang *Benz,* Barbara
      Distel (Hg.), Der Ort des Terrors. Geschichte der nationalsozialistischen
      Konzentrationslager. Band 4. Flossenbürg, Mauthausen, Ravensbrück.
      (München 2006).

35   Schauberger-Archiv Bad Ischl, Aktennotiz, 10.5.1945.

36   Schauberger-Archiv Bad Ischl. Viktor *Schauberger*, Die Entdeckung der
      Levitationskraft. (unveröffentlichtes Manuskript, Salzburg 1949). S 41.

37   Schauberger-Archiv Bad Ischl. Arbeitstagebuch von Josef Lhotak und Viktor
      Schauberger, 27.9.1944–7.5.1945.

38   Maršálek, S. 85.

39   Schauberger-Archiv Bad Ischl. Arbeitstagebuch, 27.9.1944–7.5.1945.

40   Schauberger-Archiv, Aktennotiz, 10.5.1945. Dabei handelte es sich um den
      Konstrukteur Victor Jezinski.

41   Schauberger-Archiv Bad Ischl. Arbeitstagebuch, 27.9.1944–7.5.1945.

42   Schauberger-Archiv Bad Ischl. Aktennotiz, 10.5.1945.

43   Schauberger-Archiv Bad Ischl. Levitationskraft. S. 46.

44   Schauberger-Archiv Bad Ischl. Aktennotiz, 10.5.1945.

45   Anm.: Schauberger intervenierte bei seinem Neffen August Schmöller,
      Regierungsdirektor Dipl. Ing. und Chef des Amtes für Technik des Gaues
      Linz, und erreichte unter Mithilfe von Gauleiter Eigruber und gegen den
      Willen des Brigadeführers Neblich von der KTL Wien die Überstellung seiner
      Abteilung nach Leonstein (Oberösterreich). Quelle: Schauberger-Archiv Bad
      Ischl. Aktennotiz, 10.5.1945.

46   Bertrand *Perz,* Projekt Quarz. (Wien 1990).

47   Florian *Freund,* Arbeitslager Zement. (Wien 1989).

48   Florian *Freund*/Bertrand *Perz,* Konzentrationslager in Oberösterreich 1938–
      1945. (Linz 2007). S. 102 ff.

49 DASP Gestionsprotokolle 1944, Akt 4070, 29.12.1944.

50 Maršálek, S. 85.

51 AMM E/6/11d.

52 AMM H/14/1, 21.3.1945.

53 Hermann *Kaienburg*, Der Militär- und Wirtschaftskomplex der SS im KZ-Standort Sachsenhausen-Oranienburg. Schnittpunkt von KZ-System, Waffen-SS und Judenmord. (Berlin 2006). S. 254 ff.

54 Kaienburg, S. 257.

55 Maršálek, S. 85.

56 DASP Gestionsprotokolle 1944, Indexbuch.

57 DASP Gestionsprotokolle 1944, Akt 3379, 19.10.1944.

58 Interview Enk, 15.3.2005.

59 Florian *Freund*, Arbeitslager Zement. (Wien 1989), S. 91f.

60 Erläuterungen Henryk Czeslaw Bilski, 3.8.1983; Kopien im Besitz des Autors.

61 Interview Enk, 15.3.2005.

62 Interview Bilski, 1983.

63 Ebd.

64 MA Freiburg, RS/5, 459. Tätigkeitsbericht, 1.2.1945.

65 Antwort auf eine E-Mail-Anfrage an Dr. Jens-Christian Wagner, 15.1.2008.

66 Ebd.

67 AMM B/42/05, Aktenvermerk Hans Maršálek, 3.5.1967

68 Brief Pajer, 11.8.2005.

69 Bezirksgericht Lilienfeld. Grundbuch der Katastralgemeinde St. Aegyd am Neuwalde, Pfarre St. Aegyd, Einlagezahl 2, Buch 1-61.

70 Die Berechnungen basieren auf dem maßstabsgetreuen Plan der Bauinspektion der Waffen-SS u. Polizei. Reich Süd – Verm. Abt., (Standesamt St. Aegyd). Berechnungen: Ing. Günther Dörflinger, KWI Consultants & Engineers.

71 Interview Enk, 15.3.2005.

72 DASP Gestionsprotokolle 1944, Indexbuch. Der Akt 2622 mit einem Brief vom 10.8.1944 ist laut Diözesanarchiv St. Pölten nicht mehr auffindbar.

73 DASP Gestionsprotokolle 1945: Akt 3713, 13.12.1945.

74 Interview Enk, 15.3.2005.

75 Brief Pajer, 11.8.2005.

76 Wolfgang *Kirstein*, Das Konzentrationslager als Institution totalen Terrors. Das Beispiel des KL Natzweiler. (Pfaffenweiler 1992). S. 36.

77 Piero *Caleffi*, Das tödliche „System". In: Der Widerstandskämpfer Nr. 2 (3. Jahrgang, März/April 1955). S. 23.

78 Brief Pajer, 11.8.2005.

79 Kirstein, S. 36.

80 Hans *Heppner,* Chronik der Marktgemeinde St. Aegyd am Neuwalde:
    Traisental. Zeitberichte, Lebensbilder, Kirchliches, Schulwesen, Episoden,
    Landschaften, Vereine, Hausnamen. (St. Aegyd 1952). S. 67.

81 Kirstein, S. 36.

82 Die Berechnungen basieren auf dem maßstabsgetreuen Plan der Bauinspektion
    der Waffen-SS u. Polizei. Reich Süd – Verm. Abt., (Standesamt St. Aegyd).
    Berechnungen: Ing. Günther Dörflinger, KWI Consultants & Engineers.

83 Erläuterungen Bilski, 3.8.1983.

84 Ebd.

85 Lg Wien, Vg9Vr430/51, Zeugenvernehmung Alois Kubicek, 22.1.1952.

86 AMM H/14/1, 21.3.1945.

87 Erläuterungen Bilski, 3.8.1983.

88 Ebd.

89 Brief von Rajmund Pajer, 17.11.2005; Original im Besitz des Autors.

90 Erläuterungen Bilski, 3.8.1983.

91 Standesamt St. Aegyd, Auflistung nötiger Materialien für die Errichtung eines
    Konzentrationslagers, undatiert.

92 Standesamt St. Aegyd, Schreiben der Bauleitung der Waffen-SS in St. Aegyd,
    3.2.1945.

93 Standesamt St. Aegyd, Schreiben der Bauleitung der Waffen-SS in St. Aegyd,
    6.10.1944.

94 Interview mit Franz Hölzl, 13.4.2005, St. Aegyd am Neuwalde; geführt und
    transkribiert von Christian Rabl.

95 Lg Wien, Vg9Vr430/51 bzw. Vg13Vr268/52.

96 Standesamt St. Aegyd, Auflistung nötiger Materialien.

97 Lg Wien, Vg9Vr430/51, Zeugenvernehmung Kurt Frey, 11.1.1951.

98 Brief Pajer, 17.11.2005.

99 Standesamt St. Aegyd, Auflistung nötiger Materialien.

100 Ebd.

101 Brief Pajer, 17.11.2005.

102 Lg Wien, Vg9Vr430/51, Zeugenvernehmung Kurt Frey, 22.10.1951.

103 Erläuterungen Bilski, 3.8.1983.

104 Kirstein, S. 36.

105 AMM OH/ZP1/723, *Mauthausen Survivors' Documentation Project;* Interview
    mit Heinz Apenzeller, 5.3.2003, geführt von Katrin Auer.

106 Erläuterungen Bilski, 3.8.1983.

107 Ebd.
108 Interview Bilski, 1983.
109 Erläuterungen Bilski, 3.8.1983.
110 Interview Bilski, 1983.
111 Erläuterungen Bilski, 3.8.1983.
112 Interview Enk, 15.3.2005.
113 Heppner, S. 67.
114 DASP Gestionsprotokolle 1944, Akt 3379, 19.10.1944.
115 Karin *Orth,* Das System der nationalsozialistischen Konzentrationslager. Eine politische Organisationsgeschichte. (Hamburg 1999). S. 36.
116 Kirstein, S. 36.
117 AMM E/6/11d (Rapportbuch KZ Mauthausen).
118 Ebd.
119 AMM H/14/1, 21.3.1945.
120 AMM B/60/11.
121 Standesamt St. Aegyd, Transportliste – Zugänge 2.11.1944.
122 Hermann *Langbein,* Arbeit im KZ-System. In: Wolfgang *Benz,* Barbara *Distel* (Hg.), Sklavenarbeit im KZ. (Dachauer Hefte, Heft 2, München 1993, S. 4–12). S. 4.
123 AMM B/42/03.
124 Standesamt St. Aegyd, Transportliste – Zugänge 2.11.1944.
125 Lg Wien, Vg13Vr268/52, Bericht Lokalaugenschein St. Aegyd am Neuwalde, 4.8.1953.
126 Maršálek, S. 119.
127 Maršálek, S. 365.
128 Ebd.
129 Ebd., S. 127.
130 Martin *Broszat,* Nationalsozialistische Konzentrationslager 1933–1945. In: Hans *Buchheim* et al. (Hg.), Anatomie des SS-Staates. (6. Auflage, München 1994). S. 325f.
131 Annette *Eberle,* Häftlingskategorien und Kennzeichnungen. In: Wolfgang *Benz*/Barbara *Distel* (Hg.), Der Ort des Terrors. Geschichte der nationalsozialistischen Konzentrationslager. Band 1. Die Organisation des Terrors. (München 2005). S. 96.
132 Ebd.
133 Ebd.
134 Standesamt St. Aegyd, Schreiben der Bauleitung der Waffen-SS in St. Aegyd, 27.12.1944.

135 NARA, Case File 5-31-Vol. 8 Review, Record Group 153. Eidesstattliche Erklärung von Richard Plättig, 4.12.1953.

136 Standesamt St. Aegyd, Schreiben der Bauleitung der Waffen-SS in St. Aegyd, 11.1.1945.

137 Standesamt St. Aegyd, Schreiben der Bauleitung, 3.2.1945.

138 AMM Y/43, Mikrofilmkopie des Standbuchs der Poststelle KL Mauthausen.

139 Standesamt St. Aegyd, Schreiben der Bauleitung, 3.2.1945.

140 Ebd.

141 Standesamt St. Aegyd, Transportliste – Zugänge 21.2.1945.

142 AMM OH/ZP1/723, *Mauthausen Survivors' Documentation Project;* Interview Heinz Apenzeller, 5.3.2003.

143 NARA, RG 549, Records of US Army Europe, War Crimes Branch, War Crime Case Files, Cases Tried (Kopie im AMM: Y/46).

144 Standesamt St. Aegyd, handschriftliche Todesmeldungen des St. Aegyder Lagerschreibers Kubicek.

145 S. Abb. 21

146 Standesamt St. Aegyd, standesamtliche Aufzeichnungen über Heldengräber und sonstige Kriegssterbefälle in der Gemeinde St. Aegyd am Neuwalde, Juli 1946.

147 Heppner, S. 67.

148 AMM E/6/11d.

149 Brief Pajer, 17.11.2005.

150 AMM B/42/05, Aktenvermerk Hans Maršálek, 3.5.1967.

151 Anm.: „Gib den Opfern einen Namen" ist der Titel einer Wanderausstellung des Mauthausen Komitee Österreich (MKÖ).

152 Diese Aufstellung basiert auf den folgenden Quellen: Totenbücher (AMM Y/46) sowie diverse Transportlisten und handschriftliche Todesmeldungen des St. Aegyder Lagerschreibers.

153 Die folgenden grafischen Darstellungen basieren auf einer im Rahmen dieser Arbeit erstellten Datenbank, in der die Namen und Daten von insgesamt 492 Häftlingen zusammengefasst sind. Als Stichtage wurden jeweils der erste Lagerzugangstransport (2. November 1944), der Tag nach dem ersten Rücktransport (9. Januar 1945), der Tag nach dem zweiten Rücktransport (20. Februar 1945) und der Häftlingsstand bei der Lagerschließung (1. April 1945) zu Vergleichen herangezogen. Anhand dieser Stichtagsauswahl lassen sich die besonderen Auffälligkeiten in der Häftlingsstruktur des Lagers St. Aegyd nachweisen. Die Grafiken über die Todesopfer basieren auf den Daten der 46 nachweislich in St. Aegyd verstorbenen Häftlinge.

154 S. Abb. 19.

155 AMM, Datenbank-Projekt „Erfassung aller dokumentierten Häftlinge des KZ Mauthausen", sowie Datenbank der Totenbücher des Standortarztes Mauthausen, beide Stand: August 2008.

156 Lg Wien, Vg13Vr268/52, Zeugenvernehmung, Johann Spanblöchl, 22.5.1953.

157 Lg Wien, Vg13Vr268/52, Amtsvermerk von Lokalaugenschein in St. Aegyd, 4.8.1953.

158 Ebd.

159 AMM Y/46.

160 AMM B/42/03.

161 Lg Wien, Vg9Vr430/51.

162 Lg Wien, Vg13Vr268/52.

163 Lg Wien, Vg13Vr268/52, Vernehmung Anton Perschl, 5.12.1951.

164 Lg Wien, Vg13Vr268/52, Hauptverhandlung, Aussage Karl Kreitner, 24.11.1953.

165 Lg Wien, Vg9Vr430/51, Niederschrift, Alois Kubicek, 2.10.1946.

166 Lg Wien, Vg13Vr268/52, Hauptverhandlung, Aussage Alois Kubicek, 24.11.1953.

167 Lg Wien, Vg13Vr268/52, Vernehmung, Anton Perschl, 5.12.1951. Erschießungen von Häftlingen „auf der Flucht" – sowohl im Hauptlager als auch in den Nebenlagern – wurden im Regelfall im „Buch unnatürlicher Todesfälle" des KZ Mauthausen (AMM M/1/9) vermerkt. Zur Erschießung Vinzenz Cellbrodts findet sich darin jedoch kein Eintrag.

168 Lg Wien, Vg9Vr430/51, Niederschrift, Anton Perschl, 27.11.1951.

169 Lg Wien, Vg9Vr430/51, Niederschrift, Kurt Frey, 22.10.1951.

170 Lg Wien, Vg13Vr268/52, Hauptverhandlung, Aussage Kurt Frey, 24.11.1953.

171 Lg Wien, Vg9Vr430/51, Vernehmung, Kurt Frey, 11.1.1951.

172 Lg Wien, Vg13Vr268/52; Urteilsspruch vom 1.12.1953.

173 Ebd.

174 Lg Wien, Vg9Vr430/51, Hauptverhandlung, Aussagen von Karl Kreitner bzw. Kurt Frey, 27.11.1952.

175 Lg Wien, Vg9Vr430/51, Vernehmung, Karl Kreitner, 20.12.1951.

176 Lg Wien, Vg9Vr430/51, Niederschrift, Kurt Frey, 22.10.1951.

177 Lg Wien, Vg9Vr430/51, Niederschrift, Ludwig Koczwara, 29.10.1951.

178 Interview Bilski, 1983.

179 S. Abb. 19.

180 AMM Y/46.

181 Lg Wien, Vg13Vr268/52, Hauptverhandlung, Aussage Karl Kreitner, 24.11.1953.
182 Erläuterungen Bilski, 3.8.1983.
183 Interview Bilski, 1983.
184 AMM Y/46.
185 Interview Bilski, 1983.
186 Brief Pajer, 17.11.2005.
187 Lg Wien, Vg13Vr268/52, Hauptverhandlung, Aussage Anton Perschl, 24.11.1953.
188 Interview Hölzl, 13.4.2005.
189 Lg Wien, Vg9Vr430/51, Hauptverhandlung, Aussage Anton Perschl, 27.11.1952.
190 Brief Pajer, 17.11.2005.
191 Ebd.
192 Ebd.
193 Ebd.
194 Ebd.
195 Lg Wien, Vg13Vr268/52, Hauptverhandlung, Aussage Karl Kreitner, 24.11.1953.
196 Brief Pajer, 17.11.2005. Der Mussolini nachfolgende Ministerpräsident Badoglio verhandelte mit den Alliierten einen Waffenstillstandsvertrag aus. Damit wurde Italien plötzlich zu einem Feind des nationalsozialistischen Deutschland. Dementsprechend richtete sich der Hass der SS auf die italienischen Häftlinge, die als Badoglios beschimpft wurden (vgl. Martin *Weinmann* [Hg.], Das nationalsozialistische Lagersystem [CCP]. [Frankfurt am Main 1990]. S. XXIII.)
197 Lg Wien, Vg9Vr430/51, Niederschrift, Heinz Apenzeller, 16.10.1951.
198 Lg Wien, Vg9Vr430/51, Notiz über den Tod von Max Funkenstein.
199 Brief Pajer, 17.11.2005.
200 Lg Wien, Vg13Vr268/52, Vernehmung, Karl Kreitner, 20.12.1951.
201 Brief Pajer, 17.11.2005.
202 Interview Bilski, 1983.
203 Brief Pajer, 17.11.2005.
204 Ebd.
205 Caleffi, S. 23.
206 Brief Pajer, 17.11.2005.
207 Caleffi, 23.
208 Brief Pajer, 17.11.2005.

143

209 Ebd.
210 Caleffi, S. 23f.
211 Lg Wien, Vg9Vr430/51, Zeugenvernehmung, Kurt Frey, 11.1.1951.
212 Interview Enk, 15.3.2005.
213 Lg Wien, Vg9Vr430/51, Niederschrift, Anton Perschl, 28.11.1951.
214 Lg Wien, Vg9Vr430/51, Hauptverhandlung, Aussage Karl Kreitner, 27.11.1952.
215 Lg Wien, Vg9Vr430/51, Niederschrift, Ludwig Koczwara, 29.10.1951.
216 Ebd.
217 Lg Wien, Vg9Vr430/51, Hauptverhandlung, Aussage Alois Kubicek, 27.11.1952.
218 Lg Wien, Vg9Vr430/51, Vernehmung, Karl Kreitner, 20.12.1951.
219 Lg Wien, Vg9Vr430/51, Niederschrift, Kurt Frey, 28.10.1946.
220 Lg Wien, Vg9Vr430/51, Niederschrift, Anton Perschl, 28.11.1951.
221 Brief Pajer, 17.11.2005.
222 Interview Bilski, 1983.
223 Ebd.
224 Brief Pajer, 17.11.2005.
225 Interview Bilski, 1983.
226 Lg Wien, Vg13Vr268/52, Hauptverhandlung, Aussage Alois Kubicek, 24.11.1953.
227 Interview Hölzl, 13.4.2005.
228 Interview mit Rosa Mantai, 17.1.2006, St. Aegyd am Neuwalde; geführt und transkribiert von Christian Rabl.
229 NARA, Case File 000-50-5-8, Prozesstranskript.
230 Interview Bilski, 1983.
231 Interview Enk, 15.3.2005.
232 Brief Pajer, 17.11.2005.
233 Lg Wien, Vg9Vr430/51, Hauptverhandlung, Aussage Karl Kreitner, 27.11.1952.
234 NARA, Case File 5-31-Vol. 8 Review, Record Group 153. Eidesstattliche Erklärung von Richard Plättig, 4.12.1953.
235 NARA, Case File 5-31-Vol. 8 Review, Record Group 153. Eidesstattliche Erklärung von Richard Plättig, 4.12.1953.
236 Brief Pajer, 17.11.2005.
237 Lg Wien, Vg13Vr268/52, Zeugenvernehmung Karl Kreitner, 20.12.1951.
238 Brief Pajer, 17.11.2005.
239 Interview Enk, 15.3.2005.

240 Ebd.

241 Interview Hölzl, 13.4.2005.

242 Interview Mantai, 17.1.2006.

243 Gemeindearchiv St. Aegyd, Brief von Antonio Bellina vom 22.12.1955.

244 Brief Pajer, 11.8.2005.

245 Interview Bilski, 1983.

246 Lg Wien, Vg13Vr268/52, Ordnungszahl 28.

247 NARA, Case File 5-31-Vol. 8 Review/ ETO 000-50-8, Record Group 153, Records of the Office of the Judge Advocate General, Entry 143, Records of the War Crimes Branch, box 21; Review and Recommendations, 23.1.1948.

248 BArch Berlin, ehemalige Akten des BDC – NSDAP-Zentralkartei.

249 Ebd.

250 NARA, Case File 5-31-Vol. 8 Review, Record Group 153, Prozesszusammenfassung.

251 Ebd.

252 Ebd.

253 NARA, Case File 000-50-5-8, Beweisstück Nr. 11 der Anklage, Eidesstattliche Erklärung von Gustav Claussen, 8.1.1947.

254 NARA, Case File 5-31-Vol. 8 Review, Record Group 153. Schreiben von Eberhard Engelhardt, 22.4.1954, Seite 21f.

255 NARA, Case File 5-31-Vol. 8 Review, Record Group 153, Prozesszusammenfassung.

256 Ebd.

257 Ebd.

258 Ebd.

259 NARA, Clemecy appeal, case review, parolee case file: Record Group 549, JAG War Crimes Case File 000-50-5-8, box 372, folders 1-2.

260 Lg Wien, Vg9Vr430/51, Niederschrift, Anton Perschl, 28.11.1951.

261 BArch Berlin, Akten des ehemaligen BDC, NSDAP-Zentralkartei.

262 Hermann *Kaienburg,* Die Wirtschaft der SS. (Berlin 2003). S. 1126.

263 BArch Berlin, Akten des ehemaligen BDC, NSDAP-Zentralkartei.

264 Lg Wien, Vg9Vr430/51, Niederschrift, Anton Perschl, 27. 11. 1951.

265 Lg Wien, Vg9Vr430/51, Hauptverhandlung, Aussage Karl Kreitner, 27.11.1952.

266 Lg Wien, Vg9Vr430/51, Hauptverhandlung, Aussage Anton Perschl, 27.11.1952.

267 Lg Wien, Vg9Vr430/51, Anzeige, 29.11.1951.

268 Lg Wien, Vg9Vr430/51, Vernehmung, Karl Kreitner, 20.12.1951.

269 Lg Wien, Vg9Vr430/51, Anklageschrift, 11.10.1952.
270 Lg Wien, Vg9Vr430/51, Hauptverhandlung, Aussage Kurt Frey, 27.11.1952.
271 Standesamt St. Aegyd, Transportliste – Zugänge 2.11.1944.
272 Standesamt St. Aegyd, Todesmeldungen des Lagerschreibers Kubicek.
273 AMM Y/44, Mikrofilmkopie des Häftlingszugangsbuchs der Schutzhaftlagerführung Mauthausen.
274 Ebd. sowie AMM Y/36, Mikrofilmkopie des Häftlingszugangsbuchs der Politischen Abteilung (Original NARA).
275 Lg Wien, Vg9Vr430/51, Niederschrift, Alois Kubicek, 2.10.1946.
276 Lg Wien, Vg9Vr430/51, Hauptverhandlung, Aussage Alois Kubick, 27.11.1952.
277 Lg Wien, Vg9Vr430/51, Niederschrift, Ludwig Koczwara, 29.10.1951.
278 Lg Wien, Vg9Vr430/51, Hauptverhandlung, Aussage Ludwig Koczwara, 27.11.1952.
279 Lg Wien, Vg9Vr430/51, Niederschrift, Kurt Frey, 28.10.1946.
280 Lg Wien, Vg9Vr430/51, Hauptverhandlung, Aussage Kurt Frey, 27.11.1952.
281 Lg Wien, Vg9Vr430/51, Niederschrift Karl Kreitner, 19.10.1951.
282 Lg Wien, Vg9Vr430/51, Hauptverhandlung, Aussage Anton Perschl, 27.11.1952.
283 Lg Wien, Vg9Vr430/51, Urteilsspruch gegen Anton Perschl, 27.11.1952.
284 Ebd.
285 Ebd.
286 Lg Wien, Vg9Vr430/51, Urteilsspruch gegen Anton Perschl, Entscheidungsgründe, 27.11.1952.
287 Ebd.
288 Ebd.
289 Lg Wien, Vg9Vr430/51, Verfügung der Staatsanwaltschaft Wien, 10.10.1957.
290 AMM OH/ZP1/723, *Mauthausen Survivors' Documentation Project;* Interview Heinz Apenzeller, 5.3.2003.
291 Ebd.
292 Ebd.
293 Lg Wien, Vg9Vr430/51, Hauptverhandlung, Aussage Anton Perschl, 27.11.1952.
294 ZStL Ludwigsburg, B 162/15715, Einstellungsverfügung, 17.12.1976.
295 ZStL Ludwigsburg, B 162/15715, Schlussvermerk 15.7.1975.
296 Lg Wien, Vg9Vr430/51, Zeugenvernehmung Kurt Frey, 11.1.1951.
297 Lg Wien, Vg13Vr268/52, Zeugenvernehmung, Johann Spanblöchl, 22.5.1953.

298 Lg Wien, Vg9Vr430/51, Zeugenvernehmung Kurt Frey, 11.1.1951.

299 Lg Wien, Vg9Vr430/51, Niederschrift Kurt Frey, 22.10.1951.

300 Interview Mantai, 17.1.2006.

301 Interview Bilski, 1983.

302 Brief Pajer, 17.11.2005.

303 ZStL Ludwigsburg, B 162/15715, Einstellungsverfügung 17.12.1976.

304 Ebd.

305 Ebd.

306 ZStL Ludwigsburg, B 162/15715, Aussage von Bogdan Fiedler, 8.6.1971.

307 ZStL Ludwigsburg, B 162/15715.

308 Ebd.

309 Die befragten Häftlinge kamen durchwegs mit dem Transport vom 21.
     Februar 1945 nach St. Aegyd (Standesamt St. Aegyd, Transportliste – Zugänge
     21.2.1945).

310 ZStL Ludwigsburg, B 162/15715.

311 Interview Bilski, 1983.

312 Interview Hölzl, 13.4.2005.

313 Interview Enk, 15.3.2005.

314 Lg Wien, Vg9Vr430/51, Niederschrift, Anton Perschl, 27.11.1951.

315 Lg Wien, Vg9Vr430/51, Hauptverhandlung, Aussage Karl Kreitner,
     27.11.1952.

316 Interview Bilski, 1983.

317 Brief Pajer, 17.11.2005.

318 Interview Enk, 15.3.2005.

319 DASP Gestionsprotokolle 1945: Akt 3713, 13.12.1945.

320 ZStL Ludwigsburg, B 162/15715, Aussage, August Schober, 11.5.1970.

321 Ebd.

322 Interview Enk, 15.3.2005.

323 Der Häftling Ludwig Hoppé kam mit dem Häftlingstransport am 21. Februar
     1945 nach St. Aegyd. (Standesamt St. Aegyd, Transportliste – Zugänge
     21.2.1945).

324 ZStL Ludwigsburg, B 162/15715, Aussage von Ludwig Hoppé, 23.3.1970.

325 Zeitzeuge Franz Hölzl berichtet, vom Hauptbahnhof St. Pölten aus sei eine
     direkte Gleisverbindung zwischen Westbahn und Traisentalbahn errichtet
     worden. Folglich existierte damals eine direkte Verbindung von Wien nach
     St. Aegyd. (Interview Hölzl, 13.4.2005).

326 Lg Wien, Vg9Vr430/51, Niederschrift, Anton Perschl, 28.11.1951.

327 S. Abb. 19.

328 Es ist davon auszugehen, dass es sich bei der Bezeichnung „Kissgrube" um einen Rechtschreibfehler handelt. Vielmehr dürfte es sich um eine Kiesgrube gehandelt haben.

329 Lg Wien, Vg9Vr430/51, Hauptverhandlung, Aussage Kurt Frey, 27.11.1952.

330 Ebd.

331 Standesamt St. Aegyd, Schreiben der Bauleitung, 11.1.1945.

332 Standesamt St. Aegyd, Schreiben der Bauleitung, 27.12.1944.

333 Standesamt St. Aegyd, Schreiben der Bauleitung, 11.1.1945.

334 Gemeindearchiv St. Aegyd, Protokoll einer Besprechung zwischen Fa. Stephansdach und Vertretern der Gemeinde St. Aegyd, 11.6.1945.

335 Gemeindearchiv St. Aegyd, Stellungnahme der Fa. Stephansdach an das Gemeindedirektorium St. Aegyd, 12.6.1945.

336 Ebd.

337 Gemeindearchiv St. Aegyd, Ordner: Bestätigung Ortspolizei Inventar NS.

338 Interview Hölzl, 13.4.2005.

339 Kuzma war laut eigenen Angaben bereits seit 1938 Häftling in Mauthausen gewesen (Lg Wien, Vg9Vr430/51, Vernehmung Franz Kuzma, 21.4.1952).

340 Lg Wien, Vg9Vr430/51, Vernehmung Franz Kuzma, 21.4.1952.

341 Der Name des Bauleiters ließ sich bislang nicht eruieren. Alle Briefe sind nur mit einem Kürzel versehen „He/Cz.", zusätzlich unterschrieb der Bauleiter mit dem Buchstaben „F". (Standesamt St. Aegyd, Schreiben der Bauleitung, 27.12.1944).

342 Standesamt St. Aegyd, Schreiben der Bauleitung, 27.12.1944.

343 Ebd.

344 Standesamt St. Aegyd, Schreiben der Bauleitung, 11.1.1945.

345 Standesamt St. Aegyd, Schreiben der Bauleitung, 3.2.1945.

346 AMM OH/ZP1/723, *Mauthausen Survivors' Documentation Project;* Interview Heinz Apenzeller, 5.3.2003.

347 Ebd.

348 Im Jahr 1945 fiel der Karfreitag auf den 30. März. (vgl. Hermann *Grotefend,* Taschenbuch der Zeitrechnung. 14. Auflage, Hannover 2007).

349 Interview Bilski, 1983.

350 Ebd.

351 Ebd.

352 Heppner, S. 69.

353 Interview Bilski, 1983.

354 Ebd.

355 Interview mit Rajmund Pajer, 6.9.2007, St. Aegyd am Neuwalde; geführt und transkribiert von Christian Rabl.

356 Interview Bilski, 1983.

357 Ebd.

358 Ebd.

359 Instytut Pamieci Narodowej (IPN), KZ Mauthausen, sygn. 31, k. 207 (Mikrofilmkopie im AMM, Y/50).

360 Anm.: Der Häftling Edmund Aschik (71490) kam mit dem Häftlingstransport am 21. Februar 1945 nach St. Aegyd. (Standesamt St. Aegyd, Transportliste – Zugänge 21.2.1945).

361 ZStL Ludwigsburg, B 162/15715, Aussage Edmund Aschik, 20.8.1970.

362 Der Häftling Kurt Fischer (116694) kam mit dem Häftlingstransport am 21. Februar 1945 nach St. Aegyd (Standesamt St. Aegyd, Transportliste – Zugänge 21.2.1945).

363 ZStL Ludwigsburg, B 162/15715, Aussage Kurt Fischer, 13.5.1971.

364 AMM B/42/05, Aktenvermerk Hans Maršálek, 3.5.1967.

365 Interview Pajer, 6.9.2007.

366 Ebd.

367 Anm.: Die ersten sowjetischen Truppen erreichten St. Aegyd am 9. Mai 1945. (Quelle: Heppner, S. 72).

368 Lg Wien, Vg9Vr430/51, Hauptverhandlung, Aussage Anton Perschl, 27.11.1952.

369 Heppner, S. 70.

370 Ebd., S. 71.

371 Ebd.

372 Gemeindearchiv St. Aegyd, Verhandlungsschrift, Amt der NÖ. Landesregierung, 22.11.1956.

373 Interview Enk, 15.3.2005.

374 Gemeindearchiv St. Aegyd, Ordner Nr. 8, Beschlagnahmen NS.

375 Ebd.

376 Gemeindearchiv St. Aegyd, Ordner Verschiedenes NS; Mappe: „Stephansdach".

377 Gemeindearchiv St. Aegyd, Politische Beurteilung, 27.10.1941, gezeichnet Hans Hoflehner, NSDAP-Ortsgruppenleiter.

378 DASP Gestionsprotokolle 1944: Akt 4070, 29.12.1944.

379 DASP Gestionsprotokolle 1945: Akt 3713, 13.12.1945.

380 Ebd.

381 Ebd.

382 Gemeindearchiv St. Aegyd, Ordner Nr. 7, Protokolle über die Flucht der SSler nach dem Krieg.

383 DASP Gestionsprotokolle 1945: Akt 3713, 13.12.1945.

384 Interview Hölzl, 13.4.2005.

385 Standesamt St. Aegyd; Schreiben vom 20.1.1947, 12.10.1947, 10.12.1948 und 17.1.1949.

386 Standesamt St. Aegyd; Schreiben vom 17.6.1949.

387 Standesamt St. Aegyd; Schreiben vom 16.6.1947, 7.7.1947, 6.4.1948, 15.4.1948, 30.11.1955, 13.12.1955, 4.4.1957, 15.4.1957, 15.7.1957 und 18.7.1957.

388 Associazione Nazionale ex Deportati Nei Campi Nazisti: Vereinigung der ehemaligen KZ-Häftlinge Italiens.

389 Gemeindearchiv St. Aegyd; Schreiben der ANED vom 30.7.1964.

390 Interview mit Erwin Rabl, 26.1.2006, Lilienfeld; geführt und transkribiert von Christian Rabl.

391 Hans-Henning *Scharsach,* Europas Populisten. Rückwärts nach rechts. (Wien 2002).

392 S. Abb. 22

393 Niederösterreichische Nachrichten, 8.3.1988.

394 St. Aegyder Nachrichten, Folge 40, April 1988.

395 Das Mauthausen Komitee Österreich (MKÖ) ist seit 1997 die offizielle Nachfolgeorganisation der früheren Lagergemeinschaft. (www.mkoe.at).

396 Interview Rabl, 26.1.2006.

397 Ebd.

398 Ebd.

399 Lg Wien, Vg13Vr268/52, Vernehmung, Johann Maršálek, 3.10.1953.

400 Freund; Perz, Serbenhalle, S. 99.

401 Ebd., S. 184.

402 Perz, Projekt Quarz, S. 461.

403 http://www.nachkriegsjustiz.at/prozesse/umgang/index.php. (2008-04-11).

404 Gemeindearchiv St. Aegyd, Brief von Antonio Bellina, 22.12.1955.

405 Niederösterreichische Nachrichten, Großformat, Nr. 11/1988. S. 15.

406 Gemeindearchiv St. Aegyd, Ordner Nr. 7, Protokolle über die Flucht der SSler nach dem Krieg.

407 Quellen: Transportlisten bzw. AMM OH/ZP1/723, *Mauthausen Survivors' Documentation Project;* Interview Heinz Apenzeller, 5.3.2003.

408 Erläuterungen Bilski, 3.8.1983.

409 Quellen: Transportlisten bzw. Interview Bilski, 1983.

410 Quellen: Transportlisten, handschriftliche Briefe von Rajmund Pajer
     11.08.2005 und 17.11.2005) sowie Interview, 6.9.2007.
411 Quelle: Interview Enk, 15.3.2005.
412 Quelle: Interview Hölzl, 13.4.2005.
413 Quelle: Interview Mantai, 17.1.2006.
414 Quelle: Interview Rabl, 26.1.2006.

Quellen und Literaturverzeichnis

ARCHIVALIEN
Staatliche Archive
Bundesarchiv Berlin (BArch)
Ehemalige Akten des BDC (Berlin Document Center) – NSDAP-
Zentralkartei.
NS 33/233, NS 33/207 und NS 33/160.

Militärarchiv Freiburg (MA):
RS/5, 459 – Tätigkeitsbericht der kraftfahrtechnischen Lehranstalt der
Waffen-SS, Außenstelle „Alfred", 1.2.1945.

Zentrale Stelle der Landesjustizverwaltungen Ludwigsburg (ZStL)
B 162/15715.

Archiv der KZ-Gedenkstätte Mauthausen (AMM)
AMM B/39/03, Einvernahme Anton Cerny, 8.7.1968.
AMM B/42/03.
AMM B/42/05, Aktenvermerk Hans Maršálek, 3.5.1967.
AMM B/60/11.
AMM E/6/11d (Rapportbuch KZ Mauthausen).
AMM H/14/1, 21.3.1945.
AMM OH/ZP1/723, *Mauthausen Survivors' Documentation Project,*
Interview mit Heinz Apenzeller, 5.3.2003, geführt von Katrin Auer.
AMM Y/46, Totenbücher des Konzentrationslagers Mauthausen.

Instytut Pamieci Narodowej (IPN):
KZ Mauthausen, sygn. 31, k. 207 (Mikrofilmkopie im AMM, Y/50).

U.S. National Archives and Records Administration (NARA)
Case file 000-50-5-8, U.S. vs. Auerswald et al., Record Group 549,
Records of U.S. Army Europe, War Crimes Branch.

Regionale und lokale Archive
Bezirksgericht Lilienfeld
Grundbuch der Katastralgemeinde St. Aegyd am Neuwalde,
Pfarre St. Aegyd, Einlagezahl 2, Buch 1-61.

Diözesanarchiv St. Pölten (DASP)
Gestionsprotokolle 1944, Indexbücher und Akten 3379 und 4070.
Gestionsprotokolle 1945, Indexbuch und Akt 3713.

Gemeindearchiv St. Aegyd an Neuwalde
Brief von Antonio Bellina vom 22.12.1955.
Ordner Nr. 7, Protokolle über die Flucht der SSler nach dem Krieg.
Ordner Nr. 8, Beschlagnahmen NS.
Ordner Bestätigung Ortspolizei Inventar NS.
Ordner Verschiedenes NS; Mappe: „Stephansdach".
Politische Beurteilung des St. Aegyder Pfarrers Franz Kaubeck,
    27.10.1941, gezeichnet Hans Hoflehner, NSDAP-
    Ortsgruppenleiter.
Protokoll einer Besprechung zwischen Fa. Stephansdach und Vertretern
    der Gemeinde St. Aegyd, 11.6.1945.
Schreiben der ANED an die Gemeinde St. Aegyd vom 30.7.1964.
Stellungnahme der Fa. Stephansdach an das Gemeindedirektorium
    St. Aegyd, 12.6.1945.
Verhandlungsschrift, Amt der NÖ. Landesregierung, 22.11.1956.

Landesgericht für Strafsachen Wien, Volksgerichtsakten
Vg9Vr430/51 und Vg13Vr268/52, Prozesse gegen Anton Perschl,
    Rapportführer des KZ-Außenlagers St. Aegyd.

Schauberger-Archiv Bad Ischl
Aktennotiz von Viktor Schauberger, Leonstein, 10.5.1945.
Arbeitstagebuch von Josef Lhotak und Viktor Schauberger, 27.9.1944–
    7.5.1945.
Brief von Viktor Schauberger an seinen Neffen August Schmöller,
    30.4.1944.
Brief von Viktor Schauberger an August Schmöller, 26.5.1944.
Viktor Schauberger, Die Entdeckung der Levitationskraft.
    (unveröffentlichtes Manuskript, Salzburg 1949).

Standesamt St. Aegyd
Handschriftliche Todesmeldungen des St. Aegyder Lagerschreibers Kubicek.
Plan angefertigt von der Bauinspektion der „Waffen-SS u. Polizei. Reich
    Süd – Verm. Abt.".

Schreiben der Bauleitung der Waffen-SS in St. Aegyd, 6.10.1944.
Schreiben der Bauleitung der Waffen-SS von St. Aegyd, 11.1.1945.
Schreiben der Bauleitung der Waffen-SS in St. Aegyd, 27.12.1944.
Schreiben der Bauleitung der Waffen-SS in St. Aegyd, 3.2.1945.
Schreiben von ausländischen Regierungsstellen und
Häftlingsorganisationen: 20.1.1947, 16.6.1947, 7.7.1947,
12.10.1947, 6.4.1948, 15.4.1948, 10.12.1948, 17.1.1949,
17.6.1949, 30.11.1955, 13.12.1955, 4.4.1957, 15.4.1957,
15.7.1957, 18.7.1957.
Standesamtliche Aufzeichnungen über Heldengräber und sonstige
Kriegssterbefälle in der Gemeinde St. Aegyd am Neuwalde.
Juli 1946.
Transportliste – Zugänge 2.11.1944.
Transportliste – Zugänge 21.2.1945.
Undatierte Liste; Auflistung nötiger Materialien für die Errichtung
eines Konzentrationslagers.

BRIEFE

Brief von Rajmund Pajer vom 11.8.2005; Original im Besitz des
Autors.
Brief von Rajmund Pajer vom 17.11.2005; Original im Besitz des
Autors.
Erläuterungen zu den Bilski-KZ-Plänen, verfasst von Henryk Czeslaw
Bilski, 3.8.1983. Kopien im Besitz des Autors.

INTERVIEWS

Interview mit Erwin Rabl, 26.1.2006, Lilienfeld, geführt und
transkribiert von Christian Rabl. Original-MD im Besitz des Autors.
Interview mit Franz Hölzl, 13.4.2005, St. Aegyd am Neuwalde, geführt
und transkribiert von Christian Rabl. Original-MD im Besitz des
Autors.
Interview mit Friedrich Enk, 15.3.2005, St. Aegyd am Neuwalde,
geführt und transkribiert von Christian Rabl. Original-MD im
Besitz des Autors.
Interview mit Heinz Apenzeller, geführt am 5.3.2003 von Katrin Auer
(AMM OH/ZP1/723).
Interview mit Henryk Czeslaw Bilski, geführt von Heinrich Wenzel,
1983. Kassetten-Kopie und Transkript im Besitz des Autors.

Interview mit Rajmund Pajer, 6.9.2007, St. Aegyd am Neuwalde; geführt und transkribiert von Christian Rabl. Original-MD im Besitz des Autors.
Interview mit Rosa Mantai, 17.1.2006, St. Aegyd am Neuwalde, geführt und transkribiert von Christian Rabl. Original-MD im Besitz des Autors.

ZEITUNGEN UND ZEITSCHRIFTEN

Der Widerstandskämpfer, Internationale Föderation der Widerstandkämpfer (Hg.); Nr. 2 (3. Jahrgang), März/April 1955.
Niederösterreichische Nachrichten, Großformat, Nr. 11/1988. S. 15.
Niederösterreichische Nachrichten, 8.3.1988.
St. Aegyder Nachrichten. Folge 40, April 1988.

SEKUNDÄRLITERATUR

Hannah Arendt, Elemente und Ursprünge totaler Herrschaft. (2. Auflage, München 1991).
Gerhard Armanski, Maschinen des Terrors. Das Lager (KZ und GULAG) in der Moderne. (1. Auflage, Münster 1993).
Andreas Baumgartner, Die vergessenen Frauen von Mauthausen. Die weiblichen Häftlinge des Konzentrationslagers Mauthausen und ihre Geschichte. (1. Auflage, Wien 1997).
Wolfgang Benz/Barbara Distel (Hg.), Sklavenarbeit im KZ. (Dachauer Hefte, Heft 2, München 1993).
Wolfgang Benz/Barbara Distel (Hg.), Gericht und Gerechtigkeit. (Dachauer Hefte, Heft 13, Dachau 1997).
Wolfgang Benz/Barbara Distel (Hg.), KZ-Außenlager – Geschichte und Erinnerung. (Dachauer Hefte, Heft 15, Dachau 1999).
Wolfgang Benz/Barbara Distel (Hg.), Der Ort des Terrors. Geschichte der nationalsozialistischen Konzentrationslager. Band 1. Die Organisation des Terrors. (München 2005).
Wolfgang Benz/Barbara Distel (Hg.), Der Ort des Terrors. Geschichte der nationalsozialistischen Konzentrationslager. Band 4. Flossenbürg, Mauthausen, Ravensbrück. (München 2006).
Petra Bock/Edgar Wolfrum (Hg.), Umkämpfte Vergangenheit. (Göttingen 1999).
Friedrich Brettner, Die letzten Kämpfe des II. Weltkrieges. Steinfeld – Wienerwald – Tullnerfeld – Traisental. 6. Panzerarmee.

(Eigenverlag Prof. Friedrich Brettner, Gloggnitz 2002).

Hans Buchheim/Martin Broszat/Hans-Adolf Jacobsen/Helmut Krausnick (Hg.), Anatomie des SS-Staates. (6. Auflage, München 1994).

Piero Caleffi, Das tödliche „System". In: Der Widerstandskämpfer Nr. 2 (3. Jahrgang, März/April 1955).

Dokumentationsarchiv des österreichischen Widerstandes (Hg.), Widerstand und Verfolgung in Niederösterreich 1934–1945. (Band 3, Wien 1987).

Birgit Erdle/Sigrid Weigel (Hg.), Fünfzig Jahre danach. Zur Nachgeschichte des Nationalsozialismus. (Zürich 1996).

Karl Fallend, Zwangsarbeit – Sklavenarbeit in den Reichswerken Hermann Göring am Standort Linz. (Band 2. Wien, Köln, Weimar 2001).

Karola Fings, Krieg, Gesellschaft und KZ: Himmlers SS-Baubrigaden. (Paderborn 2005).

Viktor E. Frankl, … trotzdem Ja zum Leben sagen. Ein Psychologe erlebt das Konzentrationslager. (20. Auflage, München 2000).

Florian Freund, Arbeitslager Zement. Das Konzentrationslager Ebensee und die Raketenrüstung. (Wien 1989).

Florian Freund, Konzentrationslager Ebensee. Ein Außenlager des KZ Mauthausen. (Wien 1990).

Florian Freund/Bertrand Perz/Mark Spoerer, Zwangsarbeiter und Zwangsarbeiterinnen auf dem Gebiet der Republik Österreich 1939–1945. (Wien, München 2004).

Florian Freund/Bertrand Perz, Das KZ in der Serbenhalle. Zur Kriegsindustrie in Wiener Neustadt. (Wien 1988).

Florian Freund/Bertrand Perz, Konzentrationslager in Oberösterreich 1938–1945. (Linz, 2007).

René Freund, Land der Träumer. Zwischen Größe und Größenwahn – verkannte Österreicher und ihre Utopien. (Wien 1996).

Martin Gilbert, Endlösung. Die Vertreibung und Vernichtung der Juden. Ein Atlas. (Reinbek bei Hamburg 1982).

Hermann Grotefend, Taschenbuch der Zeitrechnung. (14. Auflage, Hannover 2007).

Ernst Hanisch/Wolfgang Neugebauer/Emmerich Tálos (Hg.), NS-Herrschaft in Österreich 1938–1945. Österreichische Texte zur Gesellschaftskritik. (Band 36. Wien 1988).

Hans Heppner, Chronik der Marktgemeinde St. Aegyd am Neuwalde: Traisental; Zeitberichte, Lebensbilder, Kirchliches, Schulwesen, Episoden, Landschaften, Vereine, Hausnamen. (St. Aegyd 1952).

Ulrich Herbert, (Hg.), Nationalsozialistische Vernichtungspolitik 1939–1945. Neue Forschungen und Kontroversen. (Frankfurt am Main 1998).

Ulrich Herbert, Fremdarbeiter. Politik und Praxis des „Ausländer-Einsatzes" in der Kriegswirtschaft des Dritten Reiches. (2. Auflage, Bonn, Berlin 1986).

Ela Hornung/Ernst Langthaler/Sabine Schweitzer, Zwangsarbeit in der Landwirtschaft in Niederösterreich und dem nördlichen Burgenland. (Oldenbourg 2004).

Hermann Kaienburg, Die Wirtschaft der SS. (Berlin 2003).

Hermann Kaienburg, Vernichtung durch Arbeit. Der Fall Neuengamme. Die Wirtschaftsbestrebungen der SS und ihre Auswirkungen auf die Existenzbedingungen der KZ-Gefangenen. (2. Auflage, Bonn 1991).

Hermann Kaienburg, Der Militär- und Wirtschaftskomplex der SS im KZ-Standort Sachsenhausen-Oranienburg. Schnittpunkt von KZ-System, Waffen-SS und Judenmord. (Berlin 2006).

Roland Kaltenegger, Operation Alpenfestung. (München 2000).

Imre Kertész, Roman eines Schicksallosen. (8. Auflage, Reinbek bei Hamburg 2002).

Wolfgang Kirstein, Das Konzentrationslager als Institution totalen Terrors. Das Beispiel des KL Natzweiler. (Pfaffenweiler 1992).

Eugen Kogon, Der SS-Staat. Das System der deutschen Konzentrationslager. (München 1974).

Joel Kotek/Pierre Rigoult, Das Jahrhundert der Lager. Gefangenschaft, Zwangsarbeit, Vernichtung. (Berlin, München 2000).

Helgard Kramer (Hg.), Die Gegenwart der NS-Vergangenheit. (Berlin, Wien 2000).

Siegbert Lattacher, Viktor Schauberger. Auf den Spuren des legendären Naturforschers. (Steyr 1999).

Hans Maršálek, Die Geschichte des Konzentrationslagers Mauthausen. Dokumentation. (2. Auflage, Wien 1980).

Dr. Karl Marschall, Volksgerichtsbarkeit und Verfolgung von nationalsozialistischen Gewaltverbrechen in Österreich. (2. Auflage, Wien 1987).

Walter Naasner, Neue Machtzentren in der deutschen Kriegswirtschaft 1942-1945. Die Wirtschaftsorganisation der SS, das Amt des Generalbevollmächtigten für den Arbeitseinsatz und das Reichsministerium für Bewaffnung und Munition / Reichsministerium für Rüstung und Kriegsproduktion im nationalsozialistischen Herrschaftssystem. (Boppard am Rhein 1994).

Paul Martin Neurath, Die Gesellschaft des Terrors. Innenansichten der Konzentrationslager Dachau und Buchenwald. (Frankfurt am Main 2004).

Karin Orth, Das System der nationalsozialistischen Konzentrationslager. Eine politische Organisationsgeschichte. (1. Auflage, Hamburg 1999).

Bertrand Perz, Projekt Quarz. Steyr-Daimler-Puch und das Konzentrationslager Melk. (Wien 1990).

Bertrand Perz, Die KZ-Gedenkstätte Mauthausen. 1945 bis zur Gegenwart. (Innsbruck, Bozen, Wien 2006).

Falk Pingel, Häftlinge unter SS-Herrschaft. Widerstand, Selbstbehauptung und Vernichtung im Konzentrationslager. (1. Auflage, Hamburg 1978).

Gisela Rabitsch, Konzentrationslager in Österreich (1938–1945). Überblick und Geschehen. (Dissertation, Wien 1967).

Peter Reichel, Politik mit der Erinnerung. Gedächtnisorte im Streit um die nationalsozialistische Vergangenheit. (Wien 1995).

Hans-Henning Scharsach, Europas Populisten. Rückwärts nach rechts. (Wien 2002).

Viktor Schauberger, Die Entdeckung der Levitationskraft. (unveröff. Manuskript, Salzburg 1949).

Jan Erik Schulte, Zwangsarbeit und Vernichtung: Das Wirtschaftsimperium der SS. Oswald Pohl und das SS-Wirtschafts-Verwaltungshauptamt 1933–1945. (Paderborn, München, Wien, Zürich 2001).

Wolfgang Sofsky, Die Ordnung des Terrors: Das Konzentrationslager. (4. Auflage, Frankfurt am Main 1993).

Wolfgang Sofsky, Zeiten des Schreckens. Amok, Terror, Krieg. (3. Auflage, Frankfurt am Main 2002).

Johannes Tuchel, Die Inspektion der Konzentrationslager 1938–1945. Das System des Terrors. (Berlin 1994).

Johannes Tuchel, Planung und Realität des Systems der
Konzentrationslager 1934–1938. In: Herbert/Orth/Dieckmann
(Hg.), Die nationalsozialistischen Konzentrationslager –
Entwicklung und Struktur. (Band 1, Göttingen 1998).

Jens-Christian Wagner (Hg.), Konzentrationslager Mittelbau-Dora
1943–1945. Begleitband zur ständigen Ausstellung in der KZ-
Gedenkstätte Mittelbau-Dora. (Wallstein 2007).

Kay Wagner, NS-Ideologie im heutigen Strafrecht. Einfluß der
nationalsozialistischen Gemeinschaftsethik. (Frankfurt am Main
2002).

Josef Zausnig, Der Loibl-Tunnel: das vergessene KZ an der Südgrenze
Österreichs. (Klagenfurt 1995).

LEXIKA

Wolfgang Benz/Hermann Graml/Hermann Weiß (Hg.), Enzyklopädie
des Nationalsozialismus. (4. Auflage, Oktober 1997).

Martin Weinmann (Hg.), Das nationalsozialistische Lagersystem
(CCP). (Frankfurt am Main 1990).

WEBSITES

www.archives.gov
www.bundesarchiv.de
www.dsp.at/dasp
www.mauthausen-memorial.at
www.mkoe.at
www.nachkriegsjustiz.at

Namensverzeichnis

Abbildungsverzeichnis

Abb. 1:   Tätigkeitsbericht der kraftfahrtechnischen Lehranstalt der Waffen-SS, Außenstelle „Alfred", 1.2.1945, MA Freiburg RS/5, S. 6.

Abb. 2:   Verkleinerte Plankopie; Kopie in Originalgröße, AMM B/42/1; eine idente Kopie mit nachträglich eingefügten Flächenangaben findet sich im Archiv St. Aegyd am Neuwalde.

Abb. 3:   Plan verfasst von Henryk Czeslaw Bilski, Kopie im Besitz des Autors. Anm.: Aufgrund ihrer Maße können hier nur verkleinerte Kopien der Bilski-Originalpläne verwendet werden. Bilski hat die Originale durchwegs maßstabsgetreu verfasst.

Abb. 4–6:   Pläne verfasst von Henryk Czeslaw Bilski, Kopien im Besitz des Autors.

Abb. 7:   Transportliste mit handschriftlich ergänzten Einträgen, 2. November 1944, AMM.

Abb. 8–17: Grafik: Christian Rabl.

Abb. 18:   Planskizze des Außenlagers St. Aegyd, Rapportführer Anton Perschl, Lg Wien, Vg13Vr268/52.

Abb. 19:   Nicht maßstabsgetreue Planskizze eines unbekannten Verfassers, AMM B/42/7.

Abb. 20:   Plan verfasst von Henryk Czeslaw Bilski, Kopie im Besitz des Autors.

Abb. 21:   Foto: Christian Rabl, Oktober 2007, Privatarchiv Christian Rabl.

Abb. 22–23: Fotos: Heinrich Wenzel, Privatbesitz Heinrich Wenzel.

Abb. 24:   Brief Rajmund Pajer, 17.11.2005, Privatarchiv Christian Rabl.

Titelbild: Ausschnitt aus Abb. 2.